अहंकार
पतन का अंधकूप
कैसे बचें?

डॉ. एच.एल. माहेश्वरी

डायमंड बुक्स
www.diamondbook.in

प्रकाशक : डायमंड पॉकेट बुक्स (प्रा.) लि.
X-30, ओखला इंडस्ट्रियल एरिया, फेज-II
नई दिल्ली-110020
फोन : 011-40712200
ई-मेल : sales@dpb.in
वेबसाइट : www.diamondbook.in
संस्करण : 2024
मुद्रक : आदर्श प्रिंटर्स, शाहदरा, दिल्ली-110032

Ahankar Patan ka Andhkup Kaise Bachen?
by *Dr. H.L. Maheshwari*

प्रस्तावना

सुख, शांति एवं जीवन लक्ष्य की प्राप्ति में अहंकार एक प्रबल शत्रु है, क्योंकि सभी भेद 'अहम्' भावना से ही उत्पन्न होते हैं, जिनके उत्पन्न होते ही काम, क्रोध, लोभ, मोह आदि विकार उठ खड़े होते हैं। इन्हें बाहर से बुलाना नहीं पड़ता। अहंकार स्वतः भेद-बुद्धि के प्रसंग से इन्हें अन्तःस्थल में पैदा कर देता है। मनुष्य परिस्थितियों को दोष देता है या किसी दूसरे व्यक्ति के मत्थे दोष मढ़ने का प्रयास करता है, किन्तु यह दोष अपने अहंकार का है, जो अन्य विकारों की तरह आपको साधन भ्रष्ट बना देता है।

अहं जब आकार लेता है तो इसे अहंकार कहते हैं। कर्तापन का अभिमान ही अहंकार है। यह स्वयं को बड़ा घोषित करता है। अपने होने का अहसास होना अच्छी बात है, पर उस अहसास का इस हद तक बढ़ जाना कि कुछ और भान ही ना रहे, निश्चित रूप से समस्या पैदा करता है। उसके होने पर हम यह स्वीकार ही नहीं कर पाते कि हम भी ग़लत हो सकते हैं।

अहंकार सारे अनर्थों का मूल है। इससे ध्वंस, दुःख और विनाश ही प्राप्त होते हैं। रावण की शक्ति का कोई ठिकाना न था, कंस का बल और पराक्रम जगत् विख्यात है। दुर्योधन, शिशुपाल, नेपोलियन, हिटलर आदि की शक्तियों के आगे संसार कांपता था, किन्तु उनका अहंकार ही उन्हें खा गया। मनुष्य को पतन की ओर ले जाने में अहंकार का बड़ा हाथ रहता है।

क्या कभी आपने यह सोचा है कि रूस-यूक्रेन और इज़रायल-हमास (फिलिस्तीन) युद्ध और इसके पूर्व पिछले हज़ारों वर्ष में विश्व में जितने युद्ध लड़े गए, वे शुरू क्यों हुए? यहाँ तक कि कुछ युद्ध तो काफी भयानक थे। इनमें न जाने कितनी ज़िन्दगियाँ ख़त्म हो गई। क्या हमने कभी उन सारे अपराधों के बारे में सोचा, जो लाखों लोगों की जान ले रहे हैं?

चाहे युद्ध हो या फिर अपराध-ये सभी एक ही स्रोत से शुरू होते हैं। इससे मुक्ति पाने के लिए सबसे ज़रूरी यह समझना है कि ये आखिर क्या है?

सभी धर्मों के मूल समझाइश में निरहंकारिता के गुण को आत्मसात् करने की प्रेरणा दी गई है, परन्तु इसके साथ ही यह सर्वविदित सत्य है कि इस पर विजय सहजता से

प्राप्त नहीं हो पाती। इस पर विजय प्राप्त करने के लिए एक चुनौतीपूर्ण पथ पर चलना होगा, जिसे आज के भौतिकवादी युग में जहाँ त्वरित लाभ को प्राथमिकता दी जाती है, के लिए स्वीकार कर पाना थोड़ा कठिन ज़रूर है, लेकिन असम्भव नहीं है।

अहंकार चाहे धन-संपदा का हो, पद-प्रतिष्ठा का हो, ज्ञान-विद्वता का हो, वर्ण, जाति या कुल का हो या फिर अपने धर्म का, पतन का कारण बनता ही है। प्रस्तुत पुस्तक ***'अहंकार पतन का अंधकूप - कैसे बचें?'*** में अहंकार क्यों है? लगातार इसमें बढ़ोतरी क्यों होती जा रही है, इस पर गहराई से चिंतन, मनन और अध्ययन किया गया है, साथ ही अहंकाररूपी इस ज्वलंत समस्या का समाधान कैसे हो सकता है, इस हेतु जाँचे-परखे और व्यावहारिक सुझाव दिए गए हैं, जिन्हें अमल में लाकर व्यक्ति सहज रूप से अहंकार के अंधकूप से बच कर सुखी, सफल एवं सम्मानजनक जीवन जी सकता है।

पुस्तक लिखने में मेरी जीवनसंगिनी श्रीमती लक्ष्मी माहेश्वरी, पुत्र डॉ. पंकज, पुत्रवधू डॉ. श्रद्धा माहेश्वरी एवं पुत्री डॉ. सपना माहेश्वरी (यू.के.) द्वारा दिए गए आत्मीय सहयोग के प्रति उनका आभारी हूँ। आभारी हूँ, मैं उन सभी समाचार पत्र-पत्रिकाओं का, जिनसे मिली जानकारी पुस्तक लिखने में सहायक रही है।

वरिष्ठ साहित्यकार डॉ. शिव चौरसिया से मिले मार्गदर्शन के लिए मैं उनके प्रति अपनी कृतज्ञता व्यक्त करता हूँ।

पुस्तक में लिए गए उदाहरण, उद्धरण, शेर-शायरी, शोध रिपोर्ट्स आदि के स्रोत नोट नहीं कर पाया हूँ, लेकिन उन सभी के प्रति हृदय से आभार व्यक्त करता हूँ।

-डॉ. एच.एल. माहेश्वरी

निवास :

11, महावीर नगर, सांवेर रोड

उज्जैन, (मध्य प्रदेश) 456010

मो. : 9827265724

ई-मेल : hlujjain@yahoo.co.in

अनुक्रम

प्रस्तावना ... 3

1. अहंकार का अंधकूप, पतन का कारक ... 7
2. जात-पाँत, ऊँच-नीच का भेद
   अहंकार का जन्मदाता ... 22
3. धन-सम्पदा का अहंकार ... 31
4. ज्ञान-विद्वता का अहंकार ... 39
5. पद-प्रतिष्ठा का अभिमान ... 51
6. रूप-सौन्दर्य का अभिमान ... 58
7. अभिमान नहीं, स्वाभिमान ... 63
8. अहंकार का मुखौटा छोड़
   जिएँ वास्तविक ज़िन्दगी ... 71
9. अहंकार के अंधकूप से बाहर आ,
   देखें दुनिया का उजाला ... 80
10. विनम्रता है जहाँ,
    अहंकार का क्या काम वहाँ? ... 93

1.
अहंकार का अंधकूप, पतन का कारक

यह बात मेरे दिमाग में पूरी तरह बैठ गई है कि प्रायः सभी ग़लतियों की जड़ में अहंकार होता है। अहंकारी जब भी किसी काम में हाथ लगा देता है तो वह ग़लत हो जाता है और पतन का कारण बन जाता है।

- महान् विचारक रस्किन

अहंकार मानव का एक दैत्याकार शत्रु है। यही मन के विकारों को जन्म देता है। मानव धर्म के मार्ग में पर्वत जैसा विशाल अवरोध पैदा करता है और आसुरी प्रवृत्ति को बढ़ावा देता है। स्व के विकृत बोध को अहंकार कहते हैं। यह आत्मतत्त्व से न जुड़कर भौतिक सम्पदाओं के साथ जुड़ा होता है। दूसरों की तुलना में अपने आपको विशिष्ट मान बैठने पर अहंता की उत्पत्ति होती है।

किसी ने अहंकार के सम्बन्ध में ठीक ही कहा है :-

अहम् ने तो सिर्फ वहम पाल रखा है।
जैसे सारा कारवाँ उसी ने संभाल रखा है॥

अहंकार सभी गुणों को नष्ट कर देता है। सारी ज्ञान साधना को धूल में मिला देता है। अज्ञानी व्यक्ति अहंकार के अंधकूप में डूबे रहते हैं। उनकी स्थिति गाड़ी के नीचे चलने वाले कुत्ते के समान होती है, जो यह सोचता है कि गाड़ी उसी के बल पर चल रही है।

दुनिया में जितने भी द्वन्द्व, संघर्ष, विग्रह और युद्ध हुए हैं उनके कारणों का यदि अध्ययन किया जाए तो वे अनेक नहीं होंगे। दो व्यक्तियों की आपसी लड़ाई और दो राष्ट्रों के युद्ध दिखाई पड़ने में अलग-अलग होंगे, परन्तु उनका कारण एक ही होगा और वह कारण है एक-दूसरे पर आधिपत्य जमाना। दूसरे शब्दों में अपने आपको प्रतिद्वन्द्वी से बड़ा शक्तिशाली सिद्ध करना। पिछले विश्वयुद्ध में लाखों व्यक्ति मारे गए और उनसे भी

अधिक हताहत हुए। रूस और यूक्रेन और इज़राइल-हमास के बीच की लड़ाई में लाखों लोग मारे जा रहे हैं। इस भीषण नरसंहार का कारण यह है कि एक व्यक्ति का यह मानना था कि उसकी जाति सर्वश्रेष्ठ है और वह उस सर्वश्रेष्ठ जाति का सर्वोच्च नेता है। इसलिए वह संसार का सबसे बड़ा शक्तिशाली, सर्वश्रेष्ठ और सबसे महान् व्यक्ति है।

दो व्यक्तियों की लड़ाई में भी यही कारण होता है। एक किसी कारण से अपने आपको दूसरे से बड़ा, शक्तिशाली और श्रेष्ठ समझता है तथा उससे यह मनवाना चाहता है, जबकि दूसरा व्यक्ति उसकी इस बात को स्वीकार कर अपने आपको छोटा नहीं मानना चाहता। लड़ाई के प्रत्यक्ष कारण चाहे जो भी रहें पर मूलतः संघर्ष दो व्यक्तियों के अहंकार का टकराव ही होता है।

अहंकारी स्वयं को सबका मालिक समझता है और शेष लोगों को कुछ समझता ही नहीं है। अहंकारी स्वयं को कर्ता मानने लगता है, जैसे वही ब्रह्मा है। सबका सृजन करता है। वही विष्णु है, सबका पालन करता है और वही शिव है, सबका संहार करता है। अहंकारी की आँखों पर पट्टी रहती है, इसलिये उसे कुछ भी दिखाई नहीं पड़ता और वह अन्धे की भाँति व्यवहार करता है।

पतन का सबसे बड़ा कारण

मनुष्य के पतन का सबसे प्रबल कारण है, उसका अहंकार। मैं ही सब कुछ हूँ, मेरा विचार ही सबसे अच्छा है, मैं सबसे अधिक सुन्दर हूँ, मैं धन-सम्पन्न हूँ, मैं पण्डित हूँ, मैं महाज्ञानी हूँ आदि अहंकारिक भावनाओं के कारण कलह, झगड़े, झंझट, द्वेष की विभीषिकाएँ उठ खड़ी होती हैं। क्या यह अभिमान सार्थक हो सकता है? यह विचारणीय बात है, आपसे अधिक तो इस धरती पर अनेक रूपवान, शक्तिवान, सामर्थ्यवान, विद्वान्, ज्ञानवान विद्यमान हैं। फिर यह अहंकार आपका क्या प्रयोजन हल कर सकता है? मानवता के मार्ग का सबसे बड़ा रोड़ा मनुष्य का अहंकारपूर्ण आचरण है।

अहंकार एक विनाशकारी दोष

'अहंकार' एक विनाशकारी दोष है। कई बार बहुत-से व्यक्तियों को उनके स्वभाव में अहंकार का दोष मालूम भी नहीं पड़ता और वे अपना बड़प्पन ही बताते रह जाते हैं। यहीं से अहंकार निर्मिति शुरू होती है, क्योंकि जैसे-जैसे व्यक्ति स्वयं की तारीफ के पुल बाँधता जाएगा, वहीं से उसके अहंकार का स्वरूप भी बढ़ेगा। व्यक्ति समाज में जो भी कार्य करता है, उसका मूल्यमापन तो सामने वाला ही करेगा।

अहंकार अनेक प्रकार के होते हैं जैसे सम्पत्ति का अहंकार, ज्ञान का अहंकार, कर्त्तव्य का अहंकार, दायित्व का अहंकार ऐसे अनेक अहंकार होते हैं, परन्तु अहंकार की भावना दृढ़ होना ही व्यक्ति की प्रगति और आदर में बाधक है। अहंकारी वृत्ति से मनुष्य जीवन अत्यन्त समस्यायुक्त हो जाता है। नुकसान हो जाता है, परन्तु व्यक्ति यह समझने की स्थिति में नहीं होता है और उसका सर्वनाश हो जाता है। इसीलिए व्यवहार में अहंकार हमेशा त्यागना चाहिए। अपना कर्तृत्व, सात्त्विक गुण, अपने पास ही रखिए। अहंकार से दूर रहिए, यही आपका सुदिन होगा।

अहंकार एक विषधर साँप

अहंकार वह है, जिसमें व्यक्ति अपनी सम्पत्ति, बुद्धि, पद, ख्याति को चोट पहुँचते ही अपना अपमान अनुभव करने लगता है। इसको अपनी भारी क्षति समझकर व्यक्ति प्रतिशोध के लिए भड़भड़ा उठता है। अपनी स्थिति को आकाश जैसा मानना और बढ़ा-चढ़ा कर बताना, हाँ में हाँ करने वालों से प्रसन्न रहना, किन्तु आलोचना करने वालों पर बिगड़ पड़ना, ये अहंकार के चिह्न हैं।

अहंकारी के मन से सब सद्गुण उसी प्रकार विदा होने लगते हैं, जैसे तालाब का पानी सूखने पर उसके किनारे पर रहने वाले पक्षी अन्यत्र चले जाते हैं। अहंकार से अन्य दुर्गुणों का पोषण होता है और घमण्डी आदमी में वे सब बुराइयाँ उत्पन्न हो जाती हैं, जो गुण्डों या असुरों में होती है। असुर या गुण्डों का अहंकार ही आरम्भ से विकृत होता है। इसके पश्चात् वे दूसरों को तुच्छ समझते हुए उनकी हर क्रिया में अपना अपमान देखने लगते हैं और अपनी औकात भूलकर उसका प्रतिशोध लेने के लिए विषधर साँप की तरह अनर्थ करने पर उतारू हो जाते हैं।

अहंकार की वृद्धि के साथ ही मनुष्य का पतन आरम्भ हो जाता है और उसके अभिमान की पराकाष्ठा उसे बर्बाद करके ही छोड़ती है।

किसी ने क्या खूब कहा है :-

अहंकार में भूल जो जाता निज औकात।
ऐसे ही वह एक दिन हो जाता बर्बाद॥

मैं विशिष्ट हूँ, अद्वितीय हूँ, स्वीकारें अस्तित्व

लुकमान बहुत बड़े ज्ञानी हुए हैं। दुनिया की ऐसी कोई भाषा नहीं है, जहाँ लुकमान का शब्द गहरे में प्रवेश न कर गया हो। जिन्हें लुकमान के बारे में कुछ पता नहीं, वे भी उनका नाम बड़े आदर से लेते हैं।

लुकमान ने कहानियों में ही अपना संदेश दिया है। लुकमान कहते हैं, एक मक्खी एक हाथी के ऊपर बैठ गई। हाथी को यह पता ही न चला कि मक्खी कब बैठी। मक्खी बहुत भिनभिनाई, आवाज़ें दीं और कहा, भाई, मैं तुम्हारी पीठ पर बैठ गई हूँ। वज़न लगे तो मुझे बताना, मैं हट जाऊँगी, लेकिन हाथी को कुछ सुनाई ही नहीं पड़ा।

इस बीच हाथी एक पहाड़ी नदी पर बने पुल से गुज़रा। बड़ी नदी थी, मक्खी ने नीचे देखा तो पानी को देखकर डर गई। पर बोली देख भाई हम दो लोग हैं। कहीं पुल टूट न जाए। अगर तुम्हें डर लगे तो बता देना। मैं उड़ जाऊँगी। हाथी ने कुछ सुना, पर उस पर ध्यान नहीं दिया। फिर मक्खी के विदा होने का वक्त आ गया। मक्खी ने कहा, यात्रा बड़ी सुखद रही। कोई काम हो तो बताना। मक्खी की आवाज़ हाथी ने सुनी। उसने कहा तू कब आई, कब बैठी, कब उड़ गई, इसका मुझे पता ही नहीं चला, लेकिन तब तक मक्खी जा चुकी थी।

लुकमान कहते हैं कि हमारा होना भी ऐसा ही है। इतनी बड़ी पृथ्वी पर हमारे होने या न होने से कोई फर्क नहीं पड़ता। इतनी बड़ी पृथ्वी पर हमारा अनुपात हाथी और मक्खी के अनुपात से भी छोटा है। मक्खी चाहती थी कि हाथी मेरा अस्तित्व स्वीकार करे। अहंकार सदा इस तलाश में है कि हम विशिष्ट है, अद्वितीय हैं, ऐसी आँखें मिल जाएँ जो मेरी छाया को वज़न दे दें।

अकड़, उद्दण्डता और अशिष्टता का परिचायक

अहंकार को 'मद' भी कहा जाता है। मद इसलिये नशीली चीज़ें खाकर जिस प्रकार उन्मत्तता आ जाती है, उसी प्रकार छोटी सफलता पाकर मनुष्य सोचने लगता है कि मैं ही सब कुछ हूँ, मुझमे कोई त्रुटि नहीं, मेरा ज्ञान, मेरी बुद्धि दुनिया से बढ़कर है। जो चाहूँ, वह चुटकी बजाकर पूरा कर सकता हूँ। छोटी स्थिति के आदमी जिनके दिल और दिमाग छोटे होते हैं- कोई साधारण-सा लाभप्रद स्थान, महत्त्व या पद पाकर इतराने और बौराने लगते हैं। उनकी अकड़, उद्दण्डता और अशिष्टता चेहरे पर झलकने लगती है, उसे देखकर लगता है कि उन्होंने सज्जनता का मार्ग छोड़ दिया है और उद्दण्डता को अपना लिया है।

उद्दण्डता सारी मनुष्य जाति का, सृष्टि की विधि-व्यवस्था का सज्जनता का अपमान है। यह किसी से भी बर्दाश्त नहीं होती है। मानव की आत्मा इसके प्रति विद्रोह करती है। जिन्हें कोई व्यक्तिगत स्वार्थ हो उनकी बात दूसरी है। वैसे साधारणतया सभी

को अहंकार बुरा लगता है। भले ही उसका कोई तुरन्त विरोध न करे पर जब भी अवसर आता है अहंकारी व्यक्ति देखता है कि उसका एक भी सच्चा मित्र इस संसार में नहीं है। चापलूस और खुशामदी लोग जो अपने मतलब के लिए नाक का बाल बने हुए थे, अवसर पाते ही नीचे गिराने का प्रयत्न करते हैं।

उपर्युक्त सोच के सन्दर्भ में वाल्टेयर का कथन बड़ा सटीक है :-

मूर्ख को सरलतापूर्वक समझाया जा सकता है, विशेषज्ञ को समझा सकना उससे भी सरल है, पर थोड़ा ज्ञान पाकर जो अहंकार से अकड़ गये, उन्हें ब्रह्मा भी संतुष्ट नहीं कर सकता।

ईसा मसीह ने अपने शिष्यों को उपदेश देते हुए कहा है :-

अगर तुम ईश्वर के राज्य में प्रवेश करने की योग्यता रखते हो और इस कारण दूसरों से श्रेष्ठ समझते हो तो यह भ्रम मन से निकाल दो, तभी तुम ईश्वरीय राज्य में प्रवेश पा जाओगे। सुई के छेद से ऊँट का निकल जाना संभव हो सकता है, किन्तु अहंकारी का ईश्वरीय राज्य में प्रवेश संभव नहीं होगा।

अहंकार की प्रतिध्वनि करती समाज को प्रदूषित

अहंकार ने मानव जाति का जितना अहित किया है, उतना किसी अन्य कारण से नहीं हुआ। न भूख से, न बीमारी से, न बाढ़ से, न सूखे से, न भूकम्प या भूचाल से, किसी भी कारण इतने लोग नहीं मरे, जितने कि आपसी संघर्षों, जातीय युद्धों और दो राष्ट्रों या अनेक देशों के संग्राम से मरे हैं। इन संघर्षों, द्वन्द्वों और युद्धों का एकमात्र कारण है, अपनी श्रेष्ठता का अहंकार और दूसरों को निम्न समझना।

अहंकार ही प्रत्येक देश और घर में दुःखों का मूल कारण है। देश व समाज में तो नागरिकों के भीतर काम करने वाला अहंकार का भाव किस प्रकार अनर्थ उत्पन्न करता है, यह बताया ही जा चुका है। परिवार में भी अहंकार के कारण ही क्लेश-कलह और विग्रह का वातावरण बनता है। पति अपने को पत्नी से श्रेष्ठ समझता है इसलिए वह तरह-तरह से उस पर अपना प्रभुत्व जमाता है। पत्नी का स्वभाव यदि समझौतावादी हुआ तो वह पति के अहंकार को किसी प्रकार निबाह ले जायेगी, लेकिन इसका अर्थ यह नहीं कि वह पति के अहंकारपूर्ण दावे को पचा लेगी। उसकी प्रतिक्रिया का विस्फोट कभी भी हो सकता है और पत्नी भी यदि अपने 'अहं' के प्रति उतनी सजग आग्रहशील रही तो नित्य का क्लेश परिवार के वातावरण को नरक ही बना डालेगा।

सुप्रसिद्ध विचारक क्लाइव लीबिस का कथन है कि "अहंकार की तुष्टि किसी चीज़ को पाने से नहीं, बल्कि उस चीज़ को किसी दूसरे की अपेक्षा ज़्यादा पाने से होती है।" वस्तुतः अहंकार का अर्थ ही अपने को दूसरों से श्रेष्ठ सिद्ध करने का दावा है।

अहंकार के कारण न केवल मनुष्य जाति हिंसा तथा विनाश का शिकार हुई है, बल्कि उसके कारण मानवीयता भुला बैठी है। स्वार्थ, अनुदारता, लोभ, संकीर्णता, दूसरों की सम्पत्ति हड़प लेना, जैसे दुर्गुण का एकमात्र जनक अहंकार ही अहंकार है। लोभ, मोह, अनीति और अनाचार को अहंकार की सन्तान कहा जा सकता है। दुर्गुण मनुष्य के अन्तःकरण में निवास करता है। अतः उसकी प्रतिध्वनि पूरे समाज को प्रदूषित करती है।

ठीक ही कहा गया है :-

अहंकार की ताकत फरिश्तों को भी शैतान बना देती है।
और नम्रता साधारण व्यक्ति को भी फरिश्ता बना देती है॥

अहंकार से जुड़े उदाहरण जो हमें अहंकार से दूर रहने की सीख देते हैं :-

अहंकार में तीनों गये धन, वैभव और वंश

एक भी अहंकारी व्यक्ति का ऐसा उदाहरण नहीं मिल सकता, जिसे अन्त में अपने अहंकार के कारण नारकीय स्थिति का सामना न करना पड़ा हो। चाहे वह महाशक्तिशाली रावण हो या कौरववंशी महाप्रतापी दुर्योधन हो अथवा महाक्रूर कंस हो। अहंकार व्यक्ति ही नहीं, उसके पूरे परिवार को ले डूबता है। अहंकारियों की स्थिति उन अंधों जैसी होती है, जिनके पास आँखें तो होती हैं, पर उन्हें उचित-अनुचित, अच्छा-बुरा कुछ भी दिखाई नहीं देता। पूरी लंका तबाह हो रही थी, पर रावण को लंका तबाह होना कहाँ दिखा? कंस की आँखें थीं, पर कृष्ण की शक्ति को कहाँ देख पाया? दुर्योधन क्या आँख वाला अंधा नहीं था? इसीलिये :-

अहंकार में तीनों गये, धन, वैभव और वंश।
न मानो तो देख लो, रावण, कौरव, कंस॥

जिसकी आँखों पर अहंकार का पर्दा पड़ा हो, उसे न तो दूसरों के गुण दिखाई देते हैं और न ही अपने अवगुणों का पता चलता है।

यदि आपके भीतर झुक जाने की ताकत है, इच्छाशक्ति और क्षमता है तो आप अहंकार को गला सकेंगे। झुक जाना और पराजय, दो अलग-अलग बातें हैं। आदमी का

अहंकार विजय और पराजय की परिभाषा भी बदल देता है। अहंकारी व्यक्ति हारने पर भी उसे जीत की परिभाषा देता है, अजीब तर्क करता है और नरक के समान जीवन बना दुःख को आमंत्रित करता है।

अहंकार कहता है, मिट जाना, लेकिन झुकना मत। खण्ड-खण्ड हो जाना, लेकिन झुकना मत। टूट जाना, बिखर जाना, लेकिन झुकना मत तो अहंकार कभी झुकने नहीं देता।

अहंकार के बारे में महावीर स्वामी का कथन बड़ा ही सटीक है :-

"पत्थर के खंभे के समान कभी न झुकने वाला अहंकार आत्मा को नरक की ओर ले जाता है।"

अहंकार एक भयंकर समुद्री दैत्य

यहूदी लोककथाओं में 'रहाब' (अहंकार) एक खतरनाक समुद्री दैत्य बताया गया है। यह व्यक्ति को नरक की गहराइयों में ले जाता है। इससे स्पष्ट है कि अहंकार को किस कदर निकृष्ट माना गया है। अब मनुष्य को तय करना है कि उसे इंसानियत और विनम्रता का दामन थामकर स्वर्ग के मार्ग पर जाना है या मैं-मैं यानी अहंकार को गले लगाकर अथाह समुद्र की गहराइयों में डूब जाना है।

किसी कवि ने क्या खूब कहा है :-

तूफान ज़्यादा हो तो कश्तियाँ डूब जाती हैं।
और अहम् ज़्यादा हो तो हस्तियाँ डूब जाती हैं॥

व्यक्ति के विनाश का जन्मदाता

व्यक्ति के विनाश के जितने भी कारण हैं, अहंकार उन सबका जन्मदाता है। घृणा, द्वेष, ईर्ष्या, अन्तर्द्वन्द्व, तनाव आदि सब तो उस पेड़ की शाखाएँ और पत्ते मात्र हैं, जो अहंकार के बीज से पल्लवित हुए हैं। क्रोध के फूल, बैर के फल और विनाश के बीज अहंकार के पेड़ पर ही लगते हैं। अहंकार का यह पेड़ इतनी तेजी से फूलता-फलता है कि व्यक्ति को यह अहसास ही नहीं होता कि कब उसका समूचा अस्तित्व इसकी काली विषैली छाया ने ढंक लिया। हाँ, जब इसके विषैले फलों का किया गया सेवन व्यक्ति का, उसके परिवार का और उसकी सामाजिक मान-प्रतिष्ठा का सर्वनाश कर देता है, तब उसे होश आता है। वह पश्चाताप की आग में जलता है और उस क्षण को कोसकर पछताता है, जिस क्षण अहंकार का विष बीज उसके अंतस् में अंकुरित हुआ था।

अहंकार कई रोगों का जनक भी

अमेरिकी मनोवैज्ञानिक चिकित्सक रेबेका ने अनेक रोगियों की चिकित्सा के उपरान्त यह निष्कर्ष निकाला कि बेहद अहंकार की भावना से शरीर के कई अंग कठोर हो जाते हैं और अहंकारी जीवन जीने तथा असली रूप छिपाने से हृदय कठोर हो जाता है और मूत्राशय में पथरी रोग पनपता देखा गया है।

इन्द्र, वायु और अग्नि का अहंकार

एक बार इन्द्र, वायु, अग्नि आदि देवों को अपनी श्रेष्ठता का अहंकार हो गया। उपनिषद् में इसकी सुन्दर कहानी है। तीनों देवों में बड़ा वाद-विवाद हुआ। अहंकारवश प्रत्येक कहता है कि मैं श्रेष्ठ हूँ।

इन्द्र ने कहा - "मैं वर्षा करता हूँ। यदि वर्षा न हो तो पृथ्वी सूख जाए और जीवन असम्भव बन जाए।"

वायु ने कहा - "यदि पानी न बरसा तो एक बार चल सकता है, लेकिन हवा तो सबसे पहले मिलनी चाहिये। मैं ही सबसे श्रेष्ठ हूँ।"

अग्नि ने कहा - "सबसे पहले गर्मी होना चाहिये। उष्णता होना चाहिये। जब उष्णता समाप्त होती है तो आदमी ठण्डा हो जाता है। लोग कहते हैं, पैर ठण्डे हो रहे हैं। अग्नि के बिना, उष्णता के बिना सब मिथ्या है।"

जब यह वाद-विवाद चल रहा था, तब वहाँ एक तेजस्वी देवी आई। देवता बड़े चक्कर में पड़े कि यह देवी कौन हैं, कहाँ की हैं ?

अग्नि ने कहा - "मैं उस देवी के पास जाकर सारी जानकारी प्राप्त कर आता हूँ।"

अग्नि उस देवी के पास गया और पूछने लगा - "आप कौन हैं ?"

उस देवी ने उलटे अग्नि से ही प्रश्न किया - "आप कौन हैं ?"

अग्नि ने चिढ़कर कहा - "मेरा नाम मालूम नहीं है? मैं अग्नि हूँ।"

देवी ने कहा - "आप क्या करते हो ?"

अग्नि ने क्रोधित होकर कहा - "मैं सारा ब्रह्माण्ड एक क्षण में जला दूँगा। क्या तुम्हें मेरा पराक्रम मालूम नहीं है ?"

देवी ने कहा - "होगा तुम्हारा पराक्रम, मुझे तो मालूम नहीं है, लेकिन, यहाँ यह तिनका है, उसे जलाकर दिखाओ।"

अग्नि ने सारी ज्वाला प्रज्ज्वलित की, लेकिन वह तिनका नहीं जला। अग्नि लज्जित हो गया। वह सिर नीचा करके चला गया। इसके बाद हवा आयी।

हवा ने प्रश्न किया - "आप कौन हैं ?"

देवी ने उल्टा पूछा - "आप कौन हैं ?"

हवा ने अहंकार के साथ कहा - "मैं हवा हूँ।"

"आप क्या करते हैं ?"

"मैं पर्वतों को गेंद की तरह उछालती हूँ। वृक्ष उखाड़ती हूँ, पानी को नचाती हूँ, प्रचण्ड लहरें पैदा करके जहाजों को डूबो देती हूँ। क्या तुम्हें मेरा पराक्रम मालूम नहीं है?" वायु ने क्रोधित होकर कहा।

देवी ने कहा - "नहीं, यहाँ एक तिनका है, इसे उड़ाकर दिखाइये।"

हवा ने अपनी सारी शक्ति लगा दी, लेकिन क्षुद्र तिनका अपने स्थान से नहीं हिला। हवा लज्जित होकर नीचा सिर किये निकल गयी। इस प्रकार सारे अहंकारी देव परेशान हुए। अन्त में वह अध्यात्म देवी उमा कहने लगी - "अरे पगलों। मैं श्रेष्ठ हूँ, मैं श्रेष्ठ हूँ, ऐसा अहंकार कर क्यों लड़ते हो? न कोई श्रेष्ठ है, न कनिष्ठ। सभी समान हैं। सभी का अपनी-अपनी ज़गह महत्त्व है।"

यमदूतों की पकड़ में आया मूर्तिकार

एक मूर्तिकार की ख्याति पूरे देश में फैली हुई थी। वह उच्च कोटि की ऐसी मूर्तियाँ बनाता था, जो सजीव लगती थीं, लेकिन उसे अपने हुनर पर अहंकार था। जब उसे लगा कि उसकी जल्दी ही मृत्यु होने वाली है तो वह परेशानी में पड़ गया। यमदूतों को भ्रमित करने के लिए उसने एकदम अपने जैसी दस मूर्तियाँ बना डालीं और अपनी योजनानुसार उन बनाई हुई मूर्तियों के बीच में स्वयं जाकर बैठ गया।

यमदूत जब उसे लेने आए तो एक जैसी ग्यारह आकृतियों को देखकर आश्चर्यचकित हो गए। इनमें मूर्तिकार कौन है? यह वे पहचान नहीं पाए। वे इस पेशोपेश में पड़ गए कि अब क्या किया जाए? मूर्तिकार के प्राण यदि नहीं ले सके तो सृष्टि का नियम भंग हो जाएगा और यदि मूर्ति तोड़े तो कला का अपमान होगा।

अचानक एक यमदूत को मानवीय स्वभाव की सबसे बड़ी कमजोरी का ध्यान आया। उसने चाल चलते हुए कहा- "काश! इन मूर्तियों को बनाने वाला मिलता तो मैं उसे बताता की मूर्तियाँ तो अति सुन्दर बनायी हैं, लेकिन इनके बनाने में एक त्रुटि रह गई।"

यह सुनकर मूर्तिकार का अहंकार जाग उठा कि मेरी कला में त्रुटि कैसे रह सकती

है? फिर इस कार्य में मैंने अपना पूरा जीवन समर्पित कर दिया।

वह बोल उठा- "कैसी त्रुटि?"

फौरन यमदूत ने उसका हाथ पकड़ लिया और बोला - "बस यही त्रुटि कर गए तुम अपने अहंकार में। क्या तुम नहीं जानते थे कि बेजान मूर्तियाँ बोला नहीं करतीं।"

किसी विद्वान् का यह कथन कितना सटीक है :-

"ज़िन्दगी में कभी अपने हुनर पर घमण्ड मत करना, क्योंकि पत्थर जब पानी में गिरता है तो अपने ही वज़न से डूबता है। केवल अहंकार ही ऐसी दौड़ है, जहाँ हर जीतने वाला अंत में हार जाता है।"

रावण को मैंने नहीं मारा - श्रीराम

अयोध्या वापिस आने पर माँ कौशल्या ने श्रीराम से पूछा- 'रावण को मार दिया।'

भगवान् श्रीराम ने बड़ा सुन्दर उत्तर दिया- महाज्ञानी, महाप्रतापी, महाबलशाली, प्रकाण्ड पण्डित, महाशिवभक्त, चारों वेदों के ज्ञाता, शिव ताण्डव स्त्रोत के रचयिता रावण को मैंने नहीं मारा। उसे उसके 'मैं' (अहंकार) ने मारा है।

लोहे को कोई नष्ट नहीं कर सकता, लेकिन उसका अपना जंग उसे नष्ट कर देता है। इसी प्रकार इंसान को कोई नष्ट नहीं कर सकता, लेकिन उसका अपना अहंकार उसे नष्ट कर देता है।

अहंकार का भ्रम किया दूर एक तिनके ने

हिन्दी के प्रसिद्ध कवि अयोध्याप्रसाद उपाध्याय 'हरिऔध' का प्रसंग है। अपने वैभवपूर्ण घर की छत पर ख़ड़े इस कवि को अपने समृद्ध घर तथा जन-बल को जानकर अहंकार हो गया कि मैं कितना शक्तिमान हूँ। मेरे आदेश को कोई टाल नहीं सकता। बस इतने में ही तेज हवा के एक झोंके से एक तिनका आँख में गिर गया। कवि तिलमिला गया और वाणी से शब्द फूटा - कहाँ गयी तेरी शक्ति? कहाँ गया तेरा अहंकार? तेरे अहंकार को मिटाने के लिए तो एक तिनका ही काफी है। उनके ही शब्दों में :-

मैं घमण्डों से भरा ऐंठा हुआ
एक दिन जो था मुण्डेर पर खड़ा।
आ अचानक दूर से उड़ता हुआ
एक तिनका आँख में मेरी पड़ा।
मैं झिझक उठा हुआ बेचैन-सा

लाल होकर आँख दुखने लगी।
मूठ देने लोग कपड़े की लगे,
ऐंठ बेचारी दबे पावों भगी।।
जब किसी ढंग से निकल तिनका गया
तब समझ ने यों मुझे ताने दिये।
ऐंठता तू किसलिए इतना रहा,
एक तिनका है बहुत तेरे लिए।।

अहंकार प्रभु प्राप्ति के मार्ग में सबसे बड़ी बाधा

एक राजा ऋषि अथर्वण के पास परमात्मतत्त्व की प्राप्ति का साधन ज नने पहुँचा। ऋषि बोले- "जो कुछ तुम्हारे पास है, सब छोड़ दो। परमात्मा मिल जाएँगे।" राजा को लगा कि यह मार्ग तो अत्यन्त सरल है, सो वे अपना राज-पाट छोड़कर ऋषि के पास आ गए।

ऋषि उन्हें देखकर बोले- "अरे! तुम आ गए, पर सब छोड़कर नहीं आए।" ऋषि अथर्वण की बात सुनकर राजा आश्चर्यचकित हुए, उन्हें लगा कि वे राज-पाट छोड़कर आ गए हैं तो अब और क्या छोड़ना शेष रह गया है? ऋषि ने उन्हें कोई उत्तर न देते हुए आश्रम की गंदगी साफ करने का कार्य दिया। राजा को यह कार्य अपनी प्रतिष्ठा से हेय तो लगा, पर वे तब भी यह कार्य करने लगे।

कुछ दिन बीते तो राजा सफाई करते हुए ऋषि के समक्ष पहुँचे तो ऋषि ने उन्हें ढंग से सफाई करने का निर्देश दिया। राजा का सुप्त राजसी अहंकार जाग उठा और वे क्रोध में सब कुछ वहीं छोड़कर चले गए। एक सप्ताह बाद यह घटना फिर से घटी।

इस बार राजा वहाँ से गए तो नहीं, पर उनकी भाव-भंगिमा में क्रोध आ गया। ऋषि ने इस बार भी उनका कार्य नहीं बदला। कुछ माह पश्चात् सफाई करते समय ऋषि अथर्वण ने उन्हें टोका तो इस बार राजा विनम्र भाव से वह स्थान साफ करने लगे, जिसे साफ करने का निर्देश ऋषि ने दिया था।

अब ऋषि बोले - "राजन्! आज तुम ज्ञानप्राप्ति के अधिकारी हो गए हो। पहले तुम सम्पत्ति-सम्पदा छोड़कर आए थे पर अपना "मैं" छोड़कर नहीं आए थे। अहंकार ही प्रभुप्राप्ति के मार्ग में सबसे बड़ी बाधा है।" राजा को परमात्मतत्त्व की प्राप्ति का सर्वोच्च साधन मिल गया था।

अहंकारी के लिए ईश्वर का दरवाज़ा बन्द

'मैं' यानी अहंकार के बारे में सूफी सन्त मौलाना रूमी ने एक स्थान पर लिखा है:-

आशिक (बंदा या भक्त) ने माशूक (खुदा या ईश्वर) का दरवाज़ा खटखटाया। अन्दर से आवाज़ आयी- "कौन?"

आशिक ने उत्तर दिया- "मैं।" दरवाज़ा नहीं खुला।

छः माह बाद एक बार पुनः दरवाज़ा खटखटाया, अन्दर से आवाज़ आयी- "कौन?"

आशिक ने उत्तर दिया- "मैं।" दरवाज़ा नहीं खुला।

कई वर्षों की साधना के बाद आशिक ने जाकर माशूक का दरवाज़ा फिर से खटखटाया। अन्दर से फिर वही आवाज़ आयी- "कौन?"

आशिक ने जवाब दिया- ""तू" दरवाज़ा तुरन्त खुल गया।

वह माशूक कोई व्यक्ति न होकर हमारे मन-मन्दिर में विराजमान परमात्मा अथवा परमार्थभाव है। "मैं" की ज़गह "मैं" नहीं "तू" का भाव जागृत होना, परमात्मा का द्वार खुल जाता है।

महादेवी वर्मा की सुन्दर पंक्तियाँ हैं :-

आ गये तुम, द्वार खुला है, अन्दर आओ पर तनिक ठहरो।
ड्योढ़ी पर पड़े पायदान पर, अपना अहं झाड़ आना।।

अर्जुन का सारा घमण्ड चूर-चूर

'महाभारत' के युद्ध में अर्जुन और कर्ण के बीच घमासान युद्ध चल रहा था। अर्जुन का तीर लगने पर कर्ण का रथ 25-30 हाथ पीछे खिसक जाता था, लेकिन कर्ण के तीर से अर्जुन का रथ सिर्फ 2-3 हाथ ही पीछे जाता था। आश्चर्य यह था कि श्रीकृष्ण कर्ण के वार की प्रशंसा तो करते थे, किन्तु अर्जुन की प्रशंसा में कुछ न कहते थे। इससे अर्जुन बड़ा व्यथित हुआ और उसने श्रीकृष्ण से प्रश्न किया- "हे केशव! आप मेरे शक्तिशाली प्रहारों के बजाय कर्ण के कमजोर प्रहारों की प्रशंसा कर रहे हैं, तो ऐसा क्या कौशल है उसमें?"

प्रश्न सुनकर श्रीकृष्ण मुस्कराए और बोले- "हे अर्जुन! तुम्हारे रथ की रक्षा के लिए ध्वज पर हनुमान्, पहियों पर शेषनाग हैं और सारथी के रूप में, मैं स्वयं हूँ। इसके बावजूद कर्ण के तीरों के प्रहार से अगर तुम्हारा रथ एक हाथ भी खिसकता है तो उसके पराक्रम की प्रशंसा तो बनती है।"

कहते हैं, युद्ध समाप्त होने के बाद श्रीकृष्ण ने रथ से अर्जुन को पहले उतरने को

कहा और बाद में स्वयं उतरे। जैसे ही श्रीकृष्ण रथ से उतरे, उनका रथ स्वतः ही भस्म हो गया। सच यह था कि वह रथ कर्ण के प्रहार से कब का भस्म हो चुका था, लेकिन चूँकि स्वयं नारायण उस पर विराजे थे, इसलिये चलता रहा। यह दृश्य देखकर अर्जुन का सारा मान चूर-चूर हो गया।

वाह रे अहंकारी! अन्तिम यात्रा में भी घोड़े पर

बहुत पुरानी घटना है। एक छोटा गाँव था। उसमें एक समाज विशेष के पचास घर थे। उनमें से एक सज्जन जरा लक्ष्मी-सम्पन्न थे। उनके पास जितनी लक्ष्मी थी, उससे ज़्यादा उनका अहंकार था। जब कभी गाँव में किसी की मृत्यु हो जाती थी तो वे सज्जन घोड़े पर बैठकर अन्तिम यात्रा में सम्मिलित होते थे। लोग कहते भी थे कि यह कोई शुभ प्रसंग नहीं है, किन्तु वे पैसे के नशे में कब मानने वाले थे।

एक दिन उस सज्जन व्यक्ति के पिता चल बसे। लोगों ने सोचा, आज अच्छा मौका आया है, इसे सबक सिखाने का। उस सज्जन व्यक्ति के पिता की शवयात्रा में जिनके घर घोड़े थे, वे घोड़ा लेकर आए और जिसके पास घोड़े नहीं थे, वे किराये से लेकर आए। सज्जन व्यक्ति के घर के सामने घोड़ों की कतार लग गयी। वह व्यक्ति बाहर आया और बोला- "क्या मजाक करते हैं, आप? क्या बरात सजाना है? पिताजी को कन्धा कौन लगायेगा?" लोग बोले- "इसमें क्या है? आप भाड़े के आदमी ले आइये। हम तो घोड़े से उतरने से रहे।"

अब उस सज्जन को अपनी भूल का ज्ञान हुआ। अहंकार का फल मिला। वह हाथ जोड़कर बोला- "क्षमा करें। मैं भविष्य में कभी किसी के घर घोड़े पर बैठकर नहीं जाऊँगा।"

अहंकार की हथौड़ी की ज़गह विनम्रता की चाबी

हथौड़ी ने ताले से कहा- "मैं तुम्हें चोट मारकर भी नहीं खोल पाती, लेकिन एक नन्हीं-सी चाबी तुम्हें कैसे खोल देती है?"

ताले ने कहा- "जिसे किसी का अन्तर टटोलना आता है, वह ताला तो क्या हर समस्या का समाधान निकाल सकता है।"

जीवन के बन्द तालों को खोलने के लिए अहंकार की हथौड़ी की ज़गह विनम्रता की चाबी का उपयोग करें और ज़िन्दगी में होने वाली खटर-पटर को दूर करने के लिए जीवनरूपी गाड़ी में विनम्रता का ग्रीस लगाएँ, ताकि जीवन की गाड़ी मार्ग में बिना बाधा

और खटर-पटर के चल सके।

अहंकार एक चर्मरोग

एक व्यक्ति ने भगवान् से पूछा- "तुझे कैसे रिझाऊँ मैं?"

भगवान् ने उत्तर दिया- "संसार की हर वस्तु तुझे मैंने ही दी है। तेरे पास अपना सिर्फ तेरा अहंकार है, जो मैंने नहीं दिया। उसी को अर्पण कर दे, तेरा जीवन सफल हो जाएगा।"

संत मुनि तरुणसागर का कथन है कि अहंकार यानी 'मैं'।

'मैं' भक्त और भगवान् के बीच दीवार का काम करता है। अहंकार चर्मरोग की तरह है। खुजली प्रारम्भ में तो अच्छी लगती है, पर बाद में बहुत कष्ट देती है। अहंकार भी ऐसा ही है। वह प्रारम्भ में भले ठीक लगे, पर उसका अन्त बुरा होता है।

स्पष्ट है कि अहंकार अन्याय, अनीति, अधर्म, अत्याचार, पाप आदि का जनक है। इसमें फँसा मनुष्य समझ ही नहीं पाता है कि वह क्या कर रहा है। दुनिया या किसी देश में लोगों में अहंकार बहुत बढ़ जाता है तो उसका विनाश करने के लिए ईश्वर या प्रकृति महामारी जैसे क़दम उठाती है। संत कबीर ने बड़ा ही सटीक कहा है :-

कबीरा गर्व न कीजिए, काल गेह का केस।
ना जाने कित मांरिए, क्या घर क्या परदेश॥

अहंकार के कारण नमाज पढ़ना निष्फल

हाज़ी मुहम्मद एक मुसलमान संत थे। वे साठ बार हज़ करके आए थे और हमेशा पाँचों वक्त की नमाज पढ़ा करते थे। एक दिन उन्होंने एक स्वप्न देखा कि एक फ़रिश्ता स्वर्ग तथा नरक की ओर भेज रहा है।

जब हाज़ी मुहम्मद उसके सामने पहुँचे तो इन्हें नरक की ओर जाने के लिए अँगुली से इशारा कर दिया। हाज़ी साहब को बुरा लगा। उन्होंने फ़रिश्ते से कहा- "मैंने साठ बार हज़ किया है।"

फ़रिश्ते ने कहा- "सच है, किन्तु अपना नाम पूछे जाने पर तुम बड़े गर्व से कहते हो कि 'मैं हाज़ी मुहम्मद हूँ।' इसलिए तुम्हारा हज़ करने का समस्त पुण्य नष्ट हो गया।"

हाज़ी मुहम्मद ने पुनः कहा- "मैं साठ साल से पाँचों वक्त की नमाज़ पढ़ता रहा हूँ।"

फ़रिश्ता बोला- "तुम्हारा वह पुण्य भी नष्ट हो गया, क्योंकि एक बाहर के धर्म जिज्ञासु

तुम्हारे पास आए थे। उस दिन तुमने उन्हें दिखाने के लिए और दिनों से भी बहुत ज़्यादा देर तक नमाज पढ़ी थी। इस दिखावे के कारण तुम्हारा साठ वर्ष तक पाँचों वक्त नमाज पढ़ना भी निष्फल हो गया।"

मनुष्य के पतन का कारण है अहंकार

अहंकार मनुष्य को परेशान भी कर देता है और उसका पतन भी करा देता है। कभी-कभी तो बचपन में पड़े अहंकार के बीज बुढ़ापे तक अपने परिणाम देते हैं।

पुराणों में एक कथा है। भगवान् विष्णु के दो द्वारपाल थे, उनका नाम था जय और विजय। एक बार सनकादि नामक ऋषि विष्णुजी से मिलने बैकुण्ठ पहुँचे। विष्णुजी स्वयं उनसे मिलने को तत्पर रहते थे, परन्तु द्वारपालों को यह घमण्ड था कि हम तो विष्णुजी के रक्षक हैं। बस यहीं से उनका अहंकार शुरू हो गया। उन्होंने सनकादि ऋषियों को प्रवेश हेतु मना कर दिया। नाराज ऋषियों ने उन्हें राक्षस होने का शाप दे दिया। महत्त्व की बात यह है कि परमात्मा की इतनी निकटता होने के बाद भी आदमी का अहंकार नहीं जाता। राक्षस हो जाने का अर्थ है कुमार्ग पर जाना। अहंकार सही रास्ते से भटकाता है। यही जय अगले जन्म में दैत्यराज हिरण्यकश्यप बना। यह घोर विष्णु विरोधी था। विष्णु विरोधी होने का अर्थ है सही व्यवस्था को अस्वीकार कर ग़लत नीतियों का पालन करना।

इसी के घर प्रहलाद जैसा बुद्धिमान, ज्ञानी और ईश्वर भक्त पुत्र हुआ, परन्तु हिरण्यकश्यप के अहंकार ने उसे यहाँ तक पहुँचा दिया था कि वह अपने पुत्र भक्त प्रहलाद को भी मारने के लिए प्रयासरत था। दरअसल, अहंकार का दुष्परिणाम यह होता है कि मनुष्य अपने ही सगे-सम्बन्धी, संतान तक का विरोधी हो जाता है। अहंकार के अंधकूप में डूबे हुए इंसान को न तो अपनी ग़लतियाँ दिखती हैं और न ही दूसरे इंसानों में अच्छी बातें।

*

2.

जात-पाँत, ऊँच-नीच का भेद अहंकार का जन्मदाता

जाति, कुल और पद से इंसान अगर बड़ा हो सकता तो, नाव चलाने वाला केवट, प्रभु श्रीराम का मित्र और ऊँचे कुल में जन्मा रावण, श्रीराम का शत्रु नहीं होता, न कान्हा, सुदामा के सखा कहलाते और न कंस के काल।

- पंडित श्रीराम शर्मा, आचार्य

मनुष्यों के मध्य ऊँच-नीच का भेद करने का कोई आधार नहीं है। यह तो हमारी अहंकारजन्य विकृतियों की प्रतिक्रिया है। भारतीय तत्त्वज्ञों का तो यही मत है कि सभी मनुष्य मूलतः एक ही माता-पिता की संतान है, बाद में गुण, कर्म, स्वभाव के आधार पर उनमें विभिन्न स्तर हो गए।

महात्मा नारायण स्वामी का कहना था- "जाति-पाँति, ऊँच-नीच और अस्पृश्यता का बंधन हिन्दू जाति के लिए कलंक का टीका है। इसने सारी जाति को छिन्न-भिन्न कर रखा है। हिन्दू जाति परस्पर घृणा, द्वेष और अहंकार का प्रचार इसी की कृपा का कुफल है। इसलिए भारतीय संस्कृति की उन्नति के लिए इस बंधन को सर्वप्रथम तोड़ना आवश्यक है।"

जाति या वंश के कारण किसी को ज्ञान प्राप्त या उपासना के अधिकारों से वंचित करना अन्याय है। रामचरित के बालकाण्ड में बताया गया है कि दशरथ के राज्य में चारों वर्णों के स्त्री-पुरुष रहते थे तथा सभी को समान अधिकार प्राप्त थे। सभी नागरिक ऋषि-महर्षि तुल्य समझे जाते थे।

राज्य संचालन भी किसी वर्ग विशेष के लोगों का अधिकार नहीं था। निषाद राज गुह जो कि शूद्र था, एक राज्य का संचालक था।

धर्मात्मा और श्रेष्ठ व्यक्ति किसी वर्ग विशेष में पैदा हो, यह आवश्यक नहीं। जटायु की मृत्यु के बाद राम ने लक्ष्मण से कहा इस पक्षीराज ने मेरे पीछे प्राण गँवाए हैं। हे लक्ष्मण। निश्चय ही साधु स्वभाव और धर्मात्मा सर्वत्र पाए जाते हैं।

रामायण में इस प्रकार के स्पष्ट उल्लेखों के आधार पर यही निष्कर्ष निकलता है कि भेदभाव, ऊँच-नीच की भ्राँतियाँ बाद में हुईं उनका निराकरण किया जाना चाहिए।

जाति वस्तुतः जन्म से नहीं, कर्म से निर्धारित होती है। भविष्यपुराण ब्रा.अ. 40/35 में स्पष्ट किया है गौओं और घोड़ों की भाँति मनुष्य की भी एक जाति है। इस पुराण के अध्याय 44 में श्लोक 34 में लिखा है कि यदि वर्ण जन्मतः होता तो वह बाहर के चिह्नों से प्रकट होता।

महाभारत काल में महात्मा विदुर बहुत ही सज्जन और साधु स्वभाव के व्यक्ति थे। यद्यपि वे दासी पुत्र थे फिर भी अपने चरित्र की विशेषताओं के कारण महाभारत के महत्त्वपूर्ण पात्रों में इनकी गिनती की जाती है। भगवान् श्रीकृष्ण जब कौरव-पाण्डवों में संधि कराने के प्रयत्न में हस्तिनापुर गए तो दुर्योधन के राजकीय सम्मान को त्याग कर विदुरजी के यहाँ ठहरे, जहाँ भक्तिभाव सम्पन्न विदुरानी ने उनका भाव-विभोर होकर सत्कार किया और विदुरजी ने अपने आपको धन्य माना।

लेखक ने आगामी पृष्ठों में जाति-पाँति, ऊँच-नीच, छुआछूत वर्ण व्यवस्था के बारे में महापुरुषों के प्रसिद्ध वचन सूक्तियाँ तथा शिक्षाओं को आभूषित किया है ताकि इनके कारण फैली भ्राँतियाँ दूर हो सके और इस वज़ह से उपजे अहंकार की भावना से छुटकारा मिल सके।

हरि को भजे सो हरि का होई

संत हरिदास शूद्र जाति के थे। संत की अवस्था से पूर्व एक दिन वे चैतन्य महाप्रभु के द्वार पर खड़े हो गये और धीरे-से प्रार्थना करने लगे "मैं चाण्डाल जाति का हूँ। शूद्र कर्म मेरा व्यवसाय है। मेरा मानव जन्म अकारथ न हो, गुरुमंत्र दीजिए।"

चैतन्य प्रभु ने तुरन्त कहा- "आओ-आओ। तुम प्रभु प्रेमी हो, पवित्र हो, भीतर आकर बैठो। मैं तुम्हें भगवन्नाम दूँगा, दीक्षा दूँगा।"

चैतन्य महाप्रभु के बार-बार प्रेम से कहने पर हरिदास का हृदय भर आया। चैतन्य अपनी ही भाव-धारा में तन्मय थे। उसे नाम सुनाया, दीक्षा दी। सहसा उन्होंने फिर कहा- "हरिदास! पास आओ! प्रभु का प्रसाद ग्रहण करो।"

बेचारे हरिदास ने वहीं दूर से अपने कंधे पर पड़ा एक जीर्ण वस्त्र भूमि पर फैलाकर कहा- "भगवन्! मैं दूर ही बैठूँगा। आप प्रसाद इस कपड़े पर डाल दें।"

"यह वस्त्र क्यों बिछाया? हाथ में न लोगे यह प्रसाद?"

"नहीं स्वामीजी, नहीं। आप यह अधर्म मेरी ख़ातिर न करें। मुझे छू न लें, अन्यथा फिर से इस शीत में आपको नहाना पड़ेगा। मैं कपड़े पर से ही प्रसाद उठा लूँगा, मालिक।"

तब चैतन्य भावावेश में आकर स्वयं आगे बढ़ गये। उसके हाथों में प्रसाद रखने से पहले उन्होंने उसका बहुत भावपूर्ण आलिंगन किया। हरिदास रोमांचित हो उठा और अश्रुधारा बहाता रहा। उसे बार-बार अपने फटे वस्त्र से आँसू पोंछते देख चैतन्य ने कहा- "पागल, रोता है? तूने जब मुझसे दीक्षा ले ली तो तू क्या मेरे शरीर से, आत्मा से अलग रह गया? तेरे जीवन में भगवत प्रेम है, समर्पण की भावना है, तू पवित्र आत्मा है और तेरी यह काया किसी मन्दिर से कम पावन नहीं है हरिदास।"

हरिदास निहाल हो गया था उनका ऊर्जामय स्पर्श पाकर।

मनुष्य की पहचान कर्म से, कुल और गोत्र से नहीं

अभय कुमार को जंगल में एक नवजात शिशु पड़ा हुआ मिला। वह शिशु को घर ले आया और उसका नाम जीवक रखा। अभय कुमार ने उसे यथायोग्य शिक्षा प्रदान की। जब जीवक बड़ा हुआ तो उसे पता चला कि अभय कुमार उसके असली पिता नहीं हैं और उसे संभवतया लोकाचार के भय से जंगल में छोड़ दिया गया था। यह जानकर कि वह कुलहीन है, जीवन का हृदय ग्लानि से भर उठा। उसने अपना विषाद अभय कुमार के सम्मुख रखा। अभय कुमार ने उसे यह भूलकर तक्षशिला जाने को तथा श्रेष्ठतम विद्या अर्जित करने को प्रेरित किया। जीवक के तक्षशिला पहुँचने पर उससे प्रवेश के समय कुल, गोत्र सम्बन्धित प्रश्न पूछे गए तो उसने स्पष्ट रूप से सत्य बता दिया। प्रवेश लेने वाले आचार्य ने जीवक की स्पष्टवादिता से प्रसन्न होकर उसे प्रवेश दे दिया।

जीवक ने कठोर परिश्रम द्वारा तक्षशिला विश्वविद्यालय से आयुर्वेदाचार्य की उपाधि हासिल की। उसके आचार्य ने उसे मगध जाकर लोगों की सेवा करने का निर्देश दिया। जीवक ने उत्तर दिया- "आचार्य! मगध राज्य की राजधानी है। सभी कुलीन लोग वहाँ निवास करते हैं। क्या वे मुझ जैसे कुलहीन से अपनी चिकित्सा करवाना स्वीकार करेंगे? मुझे आशंका है कि कहीं मुझे अपमान का सामना न करना पड़े।" जीवक के गुरु ने उत्तर दिया- वत्स! आज से तुम्हारी योग्यता, क्षमता, प्रतिभा और ज्ञान ही तुम्हारे कुल और

गोत्र हैं। तुम जहाँ भी जाओगे, अपने इन्हीं गुणों के कारण सम्मान के भागीदार बनोगे। कर्म से मनुष्य की पहचान होती है, कुल और गोत्र से नहीं। सेवा ही तुम्हारा धर्म है।" जीवक की आत्महीनता दूर हो गई और अपने सेवाभाव से वह प्रसिद्ध चिकित्सक बना।

हम दोनों एक ही काम करते हैं - ईश्वरचन्द्र विद्यासागर

यह घटना सन् 1800 की है, उस समय लोगों में जाति-पाँति, ऊँच-नीच और छुआछूत की भावना कट्टरता से भरी हुई थी।

कलकत्ता नगर में महामारी का प्रकोप फैला हुआ था। हज़ारों लोग मर रहे थे, न इलाज का ठिकाना था, न अंतिम संस्कार का। यह सब देख मनुष्यों के हृदय निष्करूण हो गये थे।

एक दिन ईश्वरचन्द्र विद्यासागर महाविद्यालय जाने के लिए घर से निकले। रास्ते में एक पेड़ के पास उन्हें एक मनुष्य पड़ा हुआ दिखाई दिया। वह सफाई कर्मी था। उसके पास उसकी झाडू इत्यादि वस्तुएँ पड़ी थीं। वह छटपटा रहा था, रास्ते से लोग जा रहे थे, आ रहे थे। वे देखते, सुनते हुए भी अनदेखा, अनसुना कर रहे थे।

ईश्वरचन्द्र दौड़कर उसके पास गये। उन्होंने उसे हाथ लगाकर देखा, उसे तेज बुखार चढ़ा हुआ था। बेहोशी जैसी उसकी स्थिति थी, न कुछ सुन पाता था, न बोल पाता था आँखें बंद थीं।

ईश्वरचन्द्र का केवल मन ही नहीं, शरीर भी बलवान था। छुआछूत विचार के वे घोर विरोधी थे। उन्होंने उस मेहतर को अपनी पीठ पर उठाया और उसे अपने घर ले आए। अपने कपड़े पहनाए और साफ-सुथरे बिस्तर पर लिटाया, नौकर को भेजकर पारिवारिक डॉक्टर को बुलवाया और उसका इलाज करवाया। उसकी देखभाल भी वे स्वयं करते थे।

लोग रूढ़िग्रस्त थे। पास-पड़ोस के लोग आने लगे और ईश्वरचन्द्र को टोकने लगे। ये कौन है? कहाँ रहता है? क्या काम करता है?

ईश्वरचन्द्र शान्त चित्त से कहते, ये मेरा भाई है, ये नगर के बाहरी भाग में रहता है। मैं और ये, हम दोनों एक ही काम करते हैं, यह बाहरी सफाई का काम करता है, मैं भीतरी सफाई का काम करता हूँ।

पड़ोसियों और जात-बिरादरी वालों ने समझाया और धमकाया, परन्तु ईश्वरचन्द्र टस से मस नहीं हुए। पन्द्रह दिनों के बाद वह आदमी स्वस्थ हुआ और अपने घर गया। जाते समय ईश्वरचन्द्र ने कहा, "जब कभी कोई परेशानी हो मुझे निःसंकोच बताना। मैं तुम्हारा भाई हूँ।"

ईश्वरचन्द्र ने यह भाईचारा आजन्म निभाया।

किसी ने क्या सुन्दर बात कही है :-

इंसान तो हर घर में पैदा होते हैं।
बस इंसानियनत कहीं-कहीं जन्म लेती है।

श्रीराम की नज़र में कोई छोटा अथवा बड़ा नहीं रहा

श्रीराम समता के मूल, सर्व अभयदाता हैं। माता शबरी के झूठे बेर चखे तो यह नहीं पूछा कि- हे माई अपनी जात तो बता दो। माँ ने दिया तो पुत्र समान श्रीराम ने माथा नवाकर स्वीकार किया। श्रीराम केवट से मिलते हैं तो यह नहीं कहते कि मैं इक्ष्वाकु वंश में जन्मा, रघुकुल सूर्य क्षत्रिय शिरोमणि हूँ। वे मल्लाह केवटराज गुह को सिर झुकाकर प्रणाम करते हैं फिर कहते हैं भैया नदिया पार कराय दो। बहुत कृपा होगी। केवट के आँसू निकल जाते हैं। गद्गद्, रोमांचित केवट करबद्ध प्रार्थना करता है कि हे प्रभु, उतराई देनी हो तो मुझे बैतरणी पार कराय देना। यह किसी क्षत्रिय और मल्लाह जाति के केवट के बीच का संवाद नहीं था। यह दो सज्जन महापुरुषों के मध्य भक्तिमय वार्तालाप था।

शिलावत अहिल्या को पुनः प्राण दे समाज में प्रतिष्ठित करने का अर्थ क्या था? यह आज जाति के अहंकार के चूर में वे लोग नहीं समझ सकते जो वास्तव में श्रीराम द्रोही, हिन्दू द्रोही लोग हैं। सकल जगत् में एक ही जाति है और वह जाति है सज्जनता की, रामभक्तों की। जो रामभक्त जाति-पाति के आधार पर विषमता बरतता है, वह न तो हिन्दू है और न ही स्वयं को जानता है। अयोध्या में श्रीराम मंदिर के लिए किस कारसेवक ने अपना पहला बलिदान दिया, वह जाति से पहचाना जाएगा या अपनी रामभक्ति और राष्ट्रभक्ति से? श्रीराम मंदिर किसी जाति के हिन्दुओं का है या कि समस्त हिन्दू जगत् और भारतीय राष्ट्रीयता में विश्वास रखने वाले प्रत्येक आस्थावान भारतीय का, भले ही उसका मजहब कोई भी हो? भगवान् के लिए श्रीराम के नाम के आगे इमाम-ए-हिन्द लगाना भी बंद करिए। इससे आपकी समदर्शिता प्रकट नहीं होती, बल्कि निरक्षरता ही प्रकट होती है।

श्रीराम ने रीछ और वानर जाति के लोगों को मित्र बनाया, गले लगाया, उनके साथ रहे, भोजन किया, उनके सुख-दुःख बाँटे और वे श्रीराम के सुख-दुःख में शामिल हुए। इतने एकरस हो गए कि श्रीराम से बड़े श्रीराम के भक्त हनुमान् कहे गए। श्रीराम का समदर्शी होना वास्तव में समदर्शिता का मानक है। गिद्धराज जटायु के प्रति श्रीराम के

अगाध स्नेह के बारे में गोस्वामी तुलसीदास ने लिखा है- ***गीध अधम खग आमिष भोगी। गति दीन्ही जो जाचत जोगी।*** माँस खाने वाले, मृत देह नोचनेवाले उस गिद्ध को श्रीराम ने गले लगाया और वह मुक्ति प्रदान की जो बड़े-बड़े संतों और मुनियों को तपस्या के बाद भी नहीं मिलती। दूसरे की वेदना देख श्रीराम की आँखों में आँसू आते हैं, वे अहिल्या के हैं, शबरी के हैं, वानर जनजातियों के हैं, गिद्ध और गिलहरी के प्रति स्नेह करने वाले हैं। नारद, परशुराम और वशिष्ठ के प्रति जो आदर दिखाते हैं, उसी आदर और गंभीरता से नगर के प्रजाजन की बात सुनते हैं और उस पर हृदय विदारक कठोर आचरण का भी साहस दिखाते हैं। इससे बढ़कर समदर्शिता का और उदाहरण क्या होगा?

श्रीराम की समता इस सीमा तक गई कि युद्ध में रावण को परास्त करने के बाद लक्ष्मण को रावण के पास आदर और सम्मान के भाव से भेजा तथा रावण से सीखने का आग्रह किया। समदृष्टि से श्रीराममय संसार देखने का अर्थ ही है कि बिना भेद, बिना परिधि के समता का भाव मन में धारण करना - *सातवं सम मोहि मय जग देखा। मोतें संत अधिक करि लेखा...*

भगवद् भक्तों की कोई जाति नहीं होती - नरसी मेहता

परमभक्त नरसी मेहता जूनागढ़ में गृहस्थ जीवन व्यतीत करते हुए भक्त और दुःखियों की सेवा में लीन रहते थे। एक दिन एक जाटव कुलोत्पन्न भक्त ने उनसे पूछा- “क्या आप मेरे घर पधारकर संकीर्तन करके, उसे पवित्र कर सकते हैं?” मेहता जी बोले- “क्यों नहीं? तुम तैयारी करो, मैं समय पर वहाँ पहुँचकर कीर्तन करूँगा। नरसी मेहता हरिजन के घर जा पहुँचे। उन्होंने वहाँ तन्मय होकर कीर्तन किया और प्रसाद ग्रहण किया। उनकी जाति के कुछ रूढ़िवादी नागर ब्राह्मणों को जब यह पता लगा तो उन्होंने पंचायत करके नरसी मेहता को अंत्यज (जाटव) के घर कीर्तन करने के आरोप में जाति से बहिष्कृत कर दिया। नरसी मेहता ने नागर जाति के मुखिया से कहा- “भगवद् भक्तों की कोई जाति नहीं होती। जो भी एक साथ संकीर्तन करते हैं, वे सब एकाकार होकर एक जाति के हो जाते हैं।” मुखिया नरसी जी का मुँह देखता रह गया। सत्यतः भक्त जाति-भेद के बंधनों से ऊपर होते हैं।

कबीरदासजी ने सटीक कहा है :-

जाति पाति पूछे नहीं कोय।
हरि को भजे हरिका होय॥

व्यक्ति जन्म से नहीं, कर्मों से ब्राह्मण बनता है

महर्षि शल्विन की प्रथम पत्नी श्लेषा और दूसरी पत्नी इतरा, भिन्न-भिन्न जातियों की थीं। दोनों में परस्पर अत्यन्त प्रेम था। संयोगवश दोनों ने साथ-साथ पुत्र को जन्म दिया। महर्षि दोनों पुत्रों में कोई भेद नहीं करते थे, लेकिन एक दिन महर्षि ने इतरा के पुत्र ऐतरेय को यज्ञशाला में आने से रोक दिया, जबकि श्लेषा के पुत्र को आने दिया। उसको ऐसा लगा कि जाति भिन्नता के कारण मुझसे भेद रखा गया है। उसने अपनी माँ से पूछा- "अब मैं यज्ञ कहाँ करूँ?"

माँ बोली- "पुत्र! तू अपनी आत्मा को गुरु मान और धरती को यज्ञस्थल मानकर अपनी उपासना आरंभ कर।" बालक ने माँ के बताए मार्ग का अनुसरण किया और साधना कर योगी बन गया। जब वह घर लौटा तो दोनों माँओं ने उसका भावभरा स्वागत किया। उसके पिता ने उसके द्वारा रचित पांडुलिपियों को देखा तो उसे हृदय से लगा लिया। वह पांडुलिपियाँ वेदों की विशुद्धतम व्याख्याएँ थीं, जो ऐतरेय ब्राह्मण के नाम से प्रसिद्ध हुई। पुत्र की इस उपलब्धि पर महर्षि फूले नहीं समाये। ऐतरेय की इस उपलब्धि ने यह सिद्ध कर दिया कि व्यक्ति जन्म से नहीं, कर्मों से द्विज बनता है।

आप ही बताइए मेरी जाति क्या है -
जी.बी. कृपलानी, सुविख्यात गाँधीवादी नेता

सुविख्यात गाँधीवादी नेता जी.बी. कृपलानी अत्यन्त सरल स्वभाव के थे। अपनी अपार लोकप्रियता को वे सहज भाव से लेते थे और विशिष्ट होने का भाव कभी उनके विचारों और व्यवहार से नहीं झलकता था। उनके पास आने वाले या उनके संपर्क में रहने वाले सभी व्यक्तियों के प्रति उनका व्यवहार स्नेहपूर्ण व अपनत्व से भरा होता था। आचार्य कृपलानी मनुष्य मात्र की समानता में विश्वास रखते थे और किसी भी क्षुद्र आधार पर पक्षपात के घोर विरोधी थे। एक बार की बात है आचार्य कृपलानी ट्रेन से कहीं जा रहे थे। वे जिस डब्बे में बैठे थे, उसमें एक महिला व पुरुष यात्री भी यात्रा कर रहे थे। वे आचार्य जी को नहीं पहचानते थे, किन्तु उनकी बातों से अत्यन्त प्रभावित होकर वे आचार्य जी से वार्तालाप करने लगे। बातों ही बातों में उन्होंने आचार्य जी से पूछा- "आप किस जाति के हैं?"

कृपलानी जी तत्काल बोले- "मैं तो कई जातियों का हूँ।"

दोनों ने आश्चर्य से पूछा- "वह कैसे?"

तब आचार्य कृपलानी बोले- "जब मैं सुबह अपने जूते साफ करता हूँ तब क्षूद्र हो जाता हूँ, महाविद्यालय में पढ़ाने जाता हूँ तो ब्राह्मण हो जाता हूँ, वेतन का हिसाब करता हूँ तो वणिक हो जाता हूँ। जब मैं दूसरों के अधिकारों के लिए आवाज़ उठाता हूँ लड़ता हूँ तो क्षत्रिय हो जाता हूँ। अब आप ही बताइये कि मेरी क्या जाति है ?" आचार्य जी का उत्तर सुनकर दोनों ने अपनी भूल जानकर उनसे क्षमा माँगी।

सार ये है कि ईश्वर ने सभी मनुष्यों को समान बनाया है, इसलिए जाति, धर्म, लिंग, अमीरी आदि किसी भी आधार पर भेदभाव अनुचित है।

मोची की नहीं, गेहूँ की रोटी खा रहा हूँ - स्वामी विवेकानंद

स्वामी विवेकानंद छुआछूत के घोर विरोधी थे। उनके बहुत-से शिष्य थे, उनमें से एक मोची था। एक बार स्वामीजी को उसने भोजन के लिए आमंत्रित किया। स्वामी जी ने सहर्ष उसका प्रस्ताव स्वीकार कर लिया और निश्चित समय पर मोची के घर जा पहुँचे।

भोजन करते समय एक व्यक्ति ने स्वामी जी को देखकर अत्यन्त आश्चर्य व्यक्त करते हुए कहा- "यह क्या स्वामीजी ? आप जैसे संत और मोची की रोटी खा रहे हैं ?"

स्वामी विवेकानंद ने मुस्कुराते हुए कहा- "भाई ! मोची की नहीं गेहूँ की रोटी खा रहा हूँ। आप भी खाकर देखिए स्वादिष्ट है।" वह व्यक्ति निरुत्तर हो गया और स्वामी जी के चरणों में गिर पड़ा। उस दिन से वह भी छुआछूत का घोर विरोधी हो गया। दरअसल में महत्त्व जाति का नहीं, व्यक्ति के अपने कर्म का है।

दिग्विजयी शंकराचार्य की पराजय

"तुम्हारे शरीर का स्पर्श होने से मैं अपवित्र हो जाऊँगा। रास्ता छोड़ दो। मैं स्नान कर चुका हूँ" - तरुण संन्यासी जगद्गुरु शंकराचार्य ने रोब और आदेश के स्वर में कहा।

रास्ता रोककर खड़े उस व्यक्ति ने पूछा- "क्यों महाराज ऐसा क्यों ? मुझे स्पर्श करने से आप अपवित्र क्यों हो जाएँगे ? क्या मैंने स्नान नहीं किया, क्या मेरे वस्त्र अस्वच्छ हैं ?"

"नहीं भाई ! यह बात नहीं, तुम जानते हो मैं ब्राह्मण हूँ और तुम स्वपच (भंगी)। ब्राह्मण के लिए हरिजन का स्पर्श वर्जित है" - शंकराचार्य ने उसी आदेशात्मक स्वर में उत्तर दिया, किन्तु स्वपच आगे से हटा नहीं। लगता था आज यह स्वपच भी निर्णय कराने के लिए ही वहाँ आकर खड़ा हुआ था कि क्या सचमुच हरिजन कुल में जन्मा व्यक्ति अस्पृश्य होता है और ब्राह्मणों के घर में जन्मा पूर्ण पवित्र।

सदियों से चली आ रही इस भ्राँति का एक बार हिन्दू जनता शास्त्रीय आधार पर विवेचन कर डालती, आर्ष मान्यताओं को मूढ़ हठ त्यागर स्वीकार कर लेती, तो आज

हिन्दू जाति ऐसी विश्रृंखलित न होती। ब्राह्य आक्रमणकारी छूत-अछूत का लाभ लेकर ही विजयी हुए। करोड़ों हिन्दू ईसाई और मुसलमान बनते चले गए, सारे विश्व में फैली हिन्दू जाति आज अपने ही देश के कुछ प्रान्तों में अल्पसंख्यक बनकर रह गई। छुआछूत के कारण ही सवर्णों ने धर्म-कर्त्तव्य की अवहेलना की अन्यथा शुद्ध वर्णाश्रम संस्कृति का कभी ह्रास न होता।

जगद्गुरु के ऐसा कहते ही स्वपच पूछ बैठा- "महात्मन! सुना है आप शास्त्रज्ञ हैं, आपने 'अद्वैतवाद' का सारे देश में प्रचार किया है। क्या आप अद्वैत शब्द की व्याख्या कर सकते हैं?" हरिजन-स्वपच की वाणी में ओज था पर माधुर्य भी था, विनय थी और सत्याग्रह भी। शंकराचार्य के शिष्य और स्वयं शंकराचार्य भी उससे प्रभावित हुए बिना न रह सके। 'एकोब्रह्म द्वितीयोनास्ति' अद्वैत इस सूक्त से ही प्रादुर्भुत सत्य है तात्, जिसका अर्थ है संसार में जो कुछ चेतना है वह ब्रह्मा ही है। वह एक ब्रह्म ही विराट जगत् में छाया है। उसके अतिरिक्त और सब माया है"- शंकराचार्य ने उत्तर दिया।

स्वपच अब हँसकर रास्ता छोड़कर एक ओर खड़ा हो गया और मुस्कराते हुए बोला- "यदि वर्ण विभेद स्वाभाविक और शासकीय विधान है तो क्या वज्र सूचिकोपनिषद् का शास्त्रकार झूठा है, जिसमें कहा गया है- 'ब्राह्मण चेतना नहीं हो सकती, क्योंकि चेतना तो सर्प, बिच्छू, गाय, बैल, भैंस में भी है। देह ब्राह्मण नहीं, क्योंकि संपूर्ण चेतन सृष्टि पंचभौतिक पदार्थों से बनी है। ऐसा होता तो शव दाह से ब्रह्महत्या का दोष न लगता? ज्ञान भी ब्राह्मण नहीं, क्योंकि वेद-शास्त्रों का पारंगत तो कोई क्षत्रिय भी हो सकता है। महात्मन! उपनिषदकार का यह कथन कि 'मनुष्य चाहे कितने ही उच्च सवर्ण कुल में पैदा हुआ हो यदि वह सद्गुणी और सत्कर्म करने वाला नहीं, अष्टांग धर्म कर्त्तव्यों का पालन करने वाला नहीं तो वह ब्राह्मण नहीं। शास्त्रकार की इस मान्यता के विरुद्ध हरिजन कुल में जन्मे को हरिजन मानना क्या उचित है और क्या सभी ब्राह्मण, ब्राह्मण हो सकते हैं? यदि ऐसा नहीं तो मुझे धर्म में, आचरण में निष्ठा रखने वाले को आप अस्पृश्य कैसे कह सकते हैं?" शंकराचार्य स्तब्ध रह गए। उन्होंने स्वपच के चरण स्पर्श करते हुए कहा- "महापुरुष! समदर्शी हुए बिना कोई पंडित नहीं हो सकता। अपनी पराजय स्वीकार करता हूँ। तुमने मेरी भूल सुधार दी, इसके लिए तुम्हारा ऋणी हूँ।" तत्काल ही भगवान् शंकर स्वपच का कलेवर त्याग अपना स्वरूप दर्शाते अन्तर्धान हो गए। उस दिन से जगद्गुरु शंकराचार्य ने छूत-अछूत का भेद-भाव त्याग दिया।

*

3.

धन-सम्पदा का अहंकार

मत पूछ इस सदी ने हमको क्या दिया है,
इंसान से बड़ा अब पैसा बना दिया है।
जिसमें लिखी हुई थी इंसानियत की बातें
उसने किताब से वो पन्ना हटा दिया है।   - कवि उर्मिलेश

आज के आदमी में ज़रूरत से ज़्यादा धन-दौलत और सुविधाओं को इकट्ठा करने की तृष्णा बन गई। उसका लालच उसे चैन से बैठने नहीं देता। आदमी के दिमाग में हर घड़ी धन कमाने और कमाकर मौज-मस्ती करने की बात घूमती रहती है। व्यक्ति के लिए पैसा ही भगवान् बन गया है और किसी भी तरह उसे जोड़ना उसकी पूजा बन गयी।

धन-वैभव की चाह जितनी पूरी होती है, उतनी ही बढ़ती जाती है। लखपति, करोड़पति, करोड़पति अरबपति, खरबपति, खरबपति, शंखपति, पद्मपति बनना चाहता है। इंसान ईमानदारी से एक सीमा तक ही पैसा कमा सकता है, लेकिन जब इच्छा इन्द्र-कुबेर की तरह ढेरों धन वैभव पाने की हो तो एक ही रास्ता बाकी बचता है, वह है बेईमानी, भ्रष्टाचार, ठगी, छल और अनीति का।

इसीलिए कहा गया है :-

ख्वाहिशें कम करो, ज़िन्दगी यह बताती है।
बोझ अगर ज़्यादा हो तो कश्ती डूब जाती है।

धन प्राप्ति के लिए आज मनुष्य क्या-क्या कार्य नहीं कर रहा है? धन के लिए भाई ने भाई का खून कर दिया, पुत्र ने पिता को जेल में डाल दिया, पति ने पत्नी का खून कर दिया, पिता, पुत्र के झगड़े हुए, ससुर और दामाद में भी मनमुटाव पैदा हुआ। इतने अनिष्ठ पैदा करने वाले धन में यदि आप सुख समझ रहे हैं तो सोचो, आप भूल तो नहीं कर रहे हैं? जैसे वर्षा ऋतु में आकाश में काले बादल छाए रहते हैं, तो पृथ्वी पर अंधकार

फैल जाता है। उस समय यदि बिजली चमकती है तो क्षण भर के लिए प्रकाश हो जाता है। ऐसा ही क्षणिक सुख का आभास धन से पैदा होता है जो आगे जाकर मनुष्य से इंसानियत छीनकर उसे दुःख के सागर में धकेल देता है। धन से सुख की आशा लगाए रखना सबसे बड़ी भूल है।

किसी ने दौलत के बारे में व्यंग्यात्मक ढ़ंग से सत्य ही कहा है :-

इंसान नीचे बैठकर दौलत गिनता है- कल इतनी थी, आज इतनी हो गयी, ऊपर वाला हँसता है और इंसान की साँसें गिनता है, कल इतनी थी, आज इतनी कम हो गयी।

किसी ने ठीक ही कहा है :-

रहता हूँ किराये की काया में
रोज़ साँसों को बेचकर किराया चुकाता हूँ
मेरी औक़ात है बस मिट्टी जितनी
बात में महल-मीनारों की कर जाता हूँ
जल जायेगी ये मेरी काया एक दिन
फिर भी मैं इसकी खूबसूरती पर इतराता हूँ।

संग्रह, संग्रह और संग्रह ने भुलाई - इंसानियत, ओढ़ा, अहंकार

धन-वैभव से परिपूर्ण जीवन सुख की अनुभूति नहीं कराता, दरअसल में जब तक अन्तर्मन में लालसा है और अधिक और अधिक का भाव है तब तक मनुष्य दरिद्र है। यह असंतुष्टि का स्वभाव मनुष्य मात्र के वर्तमान स्वरूप को निरन्तर विकृत कर अहंकार पैदा करने और बनाए रखने में मुख्य भूमिका निभाता है। यह धर्म सार जानते तो सभी हैं फिर भी अनजान बने रहकर आजीवन संग्रह, संग्रह और संग्रह से जीवन में इंसानियत की अहमियत भूल जाते हैं।

रवीन्द्रनाथ टैगोर के शब्दों में :-

अहंकार का अर्थ ही संग्रह करना है, जो केवल लेता ही रहता है।

किसी ने ठीक ही कहा है :-

जोड़ लो जीवन में चाहे कितने ही हीरे मोती,
बस इतना याद रखना, कफ़न में ज़ेब नहीं होती।

नैतिकता की सिकुड़ती चादर

संवेदनाओं रहित व्यक्ति आज धन-दौलत के लिए कितना नीचे गिर रहा है। वह अपनी बहिन, बेटी, पत्नी, भानजी, भतीजी तक को बेचने के लिए आमादा है। जीवित

मनुष्यों की किडनी आदि अंगों को निकाल कर बेच देने में उसे कोई एतराज नहीं है।

हमारे जीवन में नैतिकता की चादर प्रतिदिन छोटी होती जा रही है और पिछले दिनों से ज़्यादा छेद पैबंद बढ़ते जा रहे हैं। आज व्यक्ति बड़ी सरलता से बेहिचक सिद्धान्तों की बड़ी-बड़ी बातें तो करता है, लेकिन जब कुछ करने का मौका आता है तो केवल स्वार्थ की रेलगाड़ी में सफ़र करता नज़र आता है।

हमारे पूर्वज बड़े संतोषी थे और इसी कारण वे सुखी भी थे उनकी सोच थी-

साँई इतना दीजिए जामें कुटुम्ब समाय।
मैं भी भूखा न रहूँ, साधु न भूखा जाय॥

जबकि आज धन के प्रति लोगों की बढ़ती हुई लालसा ने सोच को इस प्रकार कर दिया है :-

साँई इतना दीजिए घर आँगन भर जाए।
कटे ऐश से ज़िन्दगी, बैठ पीढ़ियाँ खाएँ॥

पैसा जेब में रखो, दिमाग में नहीं

संत मुनि तरुणसागर का कथन है- "पैसा जेब में रखो, दिमाग में नहीं। दिमाग में रखोगे तो दिमाग सातवें आसमा पर और तुम सातवें नरक में, और पैसा जब जेब में होगा तो दुनिया होगी तुम्हारी जेब में। पैसा जेब में है तो हाथ का मैल है और पैसा दिमाग में है तो पैसे के अहंकार के कारण रिश्ते-नाते फेल है। पैसा कुछ हो सकता है, बहुत कुछ हो सकता है, पर सब कुछ नहीं।"

इसीलिए कवि बिहारीलाल ने लिखा है :-

कनक कनक ते सौ गुनी मादकता अधिकाय।
या खाए बौराय नर वा पाए बौराय॥

कनक, सोना और धतूरा दोनों को ही कहा जाता है। कवि बिहारीलाल कहते हैं कि कनक (धतूरे के बीज) खाने पर ही व्यक्ति बौराता (नशा छा जाना) है, लेकिन कनक (सोना) का नशा है तो उससे कई गुना होता है जिसे पाकर ही बौराने लगता है।

मनुष्य की चाल धन से बदलती है और धर्म से भी बदलती है। जब धन सम्पन्न होता है तो अकड़कर चलता है और जब धर्म सम्पन्न होता है तो विनम्र होकर चलता है।

रुपये का अभिमान, बन गया भगवान् (आत्मकथा)

संसार के सभी कृत्य अच्छे व बुरे मेरे आधार पर होते हैं। आज का युग मेरी पूजा करता है। मुझे तो यह सब कुछ देखकर अपने ऊपर स्वयं आश्चर्य होता है। जो शक्ति

भगवान् की थी वह शक्ति आज के लोग मुझमें मानते हैं। मूर्ख को विद्वान बनाना मेरा बाएँ हाथ का काम है। नीच से नीच व्यक्ति को अगर मैं मिल जाऊँ तो समाज उसे सभ्य और सज्जन समझने लगता है। उसे राजा और पापी से पुण्यात्मा बनाने की शक्ति मुझमें है। आप किसी के प्राणों से खेल लीजिए यदि मैं आपके पास हूँ तो कोई आपका बाल भी बाँका नहीं कर सकता। असली धर्मात्मा मुझसे बड़े-बड़े परोपकार के कार्य सम्पन्न करते हैं। जैसे शिक्षण संस्थाओं का संचालन, धमार्थ, औषधालय खुलवाना, भूखों को भोजन देना आदि। कहने का तात्पर्य यह है कि जिसके पास मैं हूँ, वही अच्छा, कुलीन, वीर और गुणवान है। आज मैं सर्वशक्तिमान हूँ। आज मेरी घर-घर पूजा होती है।

पैसा तेरे तीन नाम, परसा, परसू, परसराम

परसराम नाम का एक व्यक्ति मजदूरी करके अपना और परिवार का जीवन यापन करता था। वह मेहनती था, आलस्य और टालमटोली की आदत से दूर रहता था। उसमें नशाखोरी की या अन्य कोई खराबी भी नहीं थी। उसको जो मजदूरी मिलती उसमें से कुछ न कुछ बचत ज़रूर करता था। हमारे देश में मजदूरी करना हेय या निम्न काम समझा जाता है, इसलिए लोग हिकारत की दृष्टि से देखते थे और उसे परसराम न कह कर परसा नाम से पुकारते थे। चूँकि वह मितव्ययी था, उसने धीरे-धीरे बचत करते हुए कुछ रूपये जमा कर लिए और उनसे हाथ-ठेला खरीद कर फल बेचने लगा, अब उसके पास थोड़ा और पैसा आ गया तो लोग उसे परसा न कहकर परसु के नाम बुलाने लगे। ठेले पर फल बेचके धंधे में उसे अच्छी कमाई होने लगी तो उसने दुकान खोल ली, अब लोग उसे परसराम के नाम से पुकारने लगे और बाद में तो कुछ लोग उसे परसराम सेठ भी कहने लगे। यह है धन या पैसे की महिमा।

भिखारी मन, जो कभी भरता नहीं

एक राजा के पास एक भिखारी भिक्षा माँगने पहुँचा। राजा ने पूछा क्या चाहिए? भिखारी ने उत्तर दिया जो देना चाहो सो दो मगर पूरा भिक्षापात्र भरकर देना। राजा ने कहा, “माँगकर भी तुमने क्या माँगा। यह तो कोई बड़ी बात नहीं है। तुम जानते नहीं किसके समक्ष खड़े हो? तुम एक चक्रवर्ती राजा के सामने खड़े हो। तुम जिस चीज़ से कहोगे उसी से तुम्हारा पात्र भर दूँगा।”

भिखारी बोला, “महाराज! आप चाहें तो उसे मिट्टी से भर दें मगर भरें पूरा ही। खाली-खाली से मैं परेशान हो गया हूँ। यह पात्र कभी भरता ही नहीं।” भिखारी की

चुनौती से राजा बहुत जोश में आ गया। उसने अपने खजांची को आदेश दिया कि हीरे-जवाहरातों से इसका पात्र भर दो। हीरे-जवाहरातों से पात्र भरा जाने लगा, लेकिन वह पात्र भरने का नाम ही नहीं ले रहा था। हीरे-मोती उसमें गिरते थे और गायब हो जाते थे। पात्र खाली का खाली रह जाता था। राज भी बहुत अहंकारी एवं जिद्दी था। वह इतनी आसानी से हार मानने को तैयार नहीं था। उसने कहा, "चाहे सारा का सारा खजाना खाली क्यों न हो जाए मगर इस पात्र को भरना ही है। आज तक मैं कभी बड़े-बड़े सम्राटों से नहीं हारा तो इस भिखारी से भी नहीं हारूँगा।" मगर जो सम्राटों से नहीं हारा था उसे शाम ढलते-ढलते एक छोटे-से भिखारी से हार जाना पड़ा। सारा खजाना खाली हो गया पर भिक्षापात्र खाली का खाली था। राजा समझ गया कि यह भिखारी सामान्य व्यक्ति नहीं, कोई पहुँचा हुआ संत है। वह भिखारी के पैरों पर गिर पड़ा, उसका अहंकार नष्ट हो गया और बोला, "मुझे क्षमा करें। मैंने आपकी चुनौती इसलिए कबूल की थी ताकि अपनी महानता साबित कर आपको नीचा दिखा सकूँ। मगर वह मेरी भूल थी। अब मुझे केवल इतना बता दें कि इस भिक्षापात्र का रहस्य क्या है। यह तो चमत्कारी मालूम होता है।"

भिखारी ज़ोर से हँसा और उसने कहा, "यह भिक्षापात्र साधारण नहीं है। पर इसमें जादू भी कोई नहीं है। मैंने इसे आदमी के भिखारी मन से बनाया है। यह आदमी का भिखारी मन है जो कभी भरता नहीं।"

कबीरदास जी ठीक ही कह गए :-

माया मरी न मन मरा, मर-मर गए शरीर।
आशा तृष्णा न मरी, कह गए दास कबीर॥

लालची आदमी का हश्र

एक बार राजा ने किसी कृषक से कहा कि वह एक रोज़ में जितनी ज़मीन पर चलेगा। वह सब उसकी हो जाएगी, शर्त यह है कि वह सूर्यास्त के पूर्व जिस ज़गह से चलना शुरू करे उसी ज़गह पर आ जाए।

ज़्यादा से ज़्यादा ज़मीन पाने की तृष्णा से वह कृषक प्रातः सूर्य उदय होने के पूर्व ही निकल पड़ा और खूब तेज़ी से चलने लगा। थकान के बाद भी उसने चलना नहीं छोड़ा और चलता ही रहा, क्योंकि वह ज़्यादा से ज़्यादा सम्पत्ति प्राप्ति के मिले, इस सुनहरे अवसर को खोना नहीं चाहता था।

जब दिन ढलने लगा तो उसे एकाएक शर्त याद आयी कि उसे सूर्यास्त होने के पूर्व शुरूआत के स्थान पर पहुँचना है। लालच में वह बहुत दूर तक चला गया धा। डूबते सूर्य

को देखते हुए उसने तेज़ी से वापिस जाना प्रारंभ किया। शाम जैसे-जैसे निकट आती जा रही थी वह और तेज़ी से दौड़ने लगा। वह थक कर चूर हो गया, उसका दम फूल गया, साँसें उखड़ रही थीं, इसके बावजूद भी जबरदस्ती से आगे बढ़ता रहा। शुरूआती ज़गह पर पहुँचते ही वह चक्कर खाकर गिर पड़ा और मर गया।

एक लालची इंसान भी उस कृषक की तरह ही होता है और उसका हश्र भी वैसा ही होता है।

कबीरदास ने कहा है :- "लालच के वशीभूत व्यक्तियों का परिणाम बड़ा ही दुःखदायी होता है, क्योंकि वह अपना हित-अहित विचारने की क्षमता खो देता है। मक्खी को देखिए वह लालचवश शहद पर बैठती है और शहद उसके पंखों में लिपट जाने के कारण तड़पते-तड़पते मर जाती है।"

2 करोड़ सम्पत्ति के लिए, बेटे ने की बाप की हत्या

इन्दौर (म.प्र.) के कनाड़िया क्षेत्र में विकासखेड़ा गाँव के जंगल में सुरेन्द्र कुमार कटारिया का शव मिला। पाँच माह तक पुलिस को इस हत्या का कोई सुराग नहीं मिला। एस.पी. मोहम्मद युसुफ कुरैशी और ए.एस.पी. अमेन्द्रसिंह चौहान की टीम ने नये सिरे से जाँच की तो पता चला कि हत्या उसके पुत्र तरुण ने ही अपने दो साथियों के साथ मिलकर 2 करोड़ की सम्पत्ति हथियाने के लिए की है। क्राइम ब्रांच ने तरुण को संदेही मानकर उसके मिलने-जुलने वालों से सम्पर्क किया तो पता चला कि तरुण के दोस्त जीतू को उधारी के तीन लाख रूपये के अलावा हत्या के बाद 50 हजार अतिरिक्त देने को कहा था, लेकिन बाद में वह मुकर गया और दोस्तों के बीच फूट से क्राइम ब्रांच को सुराग मिले और बेटे को संदेही मानकर सख्ती से पूछताछ की तो वह टूट गया और हत्या करना कबूल लिया।

उपरोक्त प्रकरण के संदर्भ में किसी फिल्म की निम्न पंक्ति कितनी सारगर्भित है :-

बाप बड़ा न भैया, सबसे बड़ा रूपया

पैसा रास्ता है, मंजिल नहीं

आपको पता होना चाहिए कि पैसा रास्ता है, मंजिल नहीं। पैसा, पैसा है मालिक नहीं। वह 'कुछ' तो हो सकता है, 'बहुत कुछ' भी हो सकता है, लेकिन 'सब कुछ' कतई नहीं हो सकता और जिन्होंने पैसे को ही सब कुछ माना वे जीवन के आखिर में रोये हैं। इस बात को नहीं भूलना चाहिए कि पैसा एक अच्छा सेवक है, लेकिन बुरा स्वामी भी।

Money is good servant, but bad master.

दुनिया के धनाढ्य व्यक्तियों में एक जॉन डी. रॉकफेलर का जन्म सन् 1839 में अमेरिका में हुआ। वे बहुत पढ़े-लिखे तो नहीं थे, पर उनके मन में ऊँचा उठने और तरक्की करने की तीव्र ललक थी। अपनी युवावस्था में ही उन्होंने तेल-व्यवसाय के क्षेत्र में कदम रखे और दिन-रात कड़ी मेहनत करते हुए एक दिन विश्व की सबसे बड़ी तेल कंपनी स्टेण्डर्ड ऑइल कंपनी के मालिक बने। पर जीवन में एकतरफा सोच, धन के पीछे की दौड़ और बेतरतीब जीवनशैली ने उनके स्वास्थ्य पर बुरा असर डाला।

बीमारी के दिनों में बिस्तर पर पड़े-पड़े उन्हें महसूस हुआ कि पैसा ही सब कुछ नहीं है। पैसा रोटी तो दिला सकता है, पर भूख नहीं। पैसा साधन तो हो सकता है, पर साध्य नहीं। उन्होंने निश्चय किया कि जब वो स्वस्थ्य होंगे तो पैसे का उपयोग श्रेष्ठ और शुभ कार्यों के लिए करेंगे। इसी प्रण के साथ उन्होंने चिकित्सा और शिक्षा के विकास के लिए 55 करोड़ डॉलर (आज की मुद्रा में क़रीब 2.75 खरब रुपये) दान दिए, जिससे रॉकफेलर फाउंडेशन की स्थापना की गई। यह संस्था आज उनकी मृत्यु के वर्षों बाद भी अच्छे उद्देश्यों के लिए समर्पित है।

धन सम्पन्न व्यक्ति प्रतिष्ठित और सम्माननीय क्यों?

प्राचीन समय में धन सम्पन्न व्यक्तियों को सम्मानित करने की परम्परा इसलिए थी कि उस समय धन व्यक्ति की श्रमशीलता, पुरुषार्थ और परिश्रमी होने का नापदण्ड समझा जाता था। हेनरीफोर्ड, रॉकफेलर, ओनासिस, टाटा, बिड़ला जैसे उद्योगपतियों के नाम आज भी आदर से पुकारे जाते हैं। उन्होंने परिश्रम और पुरुषार्थ से इतनी धन सम्पदा अर्जित की। उनके वंशजों ने उनके द्वारा छोड़ी सम्पत्ति को बढ़ाया होगा, परन्तु जितना सम्मान उन उद्योगों के संस्थापकों को प्राप्त है, उतना उनके वंशजों को नहीं मिल पाया।

तत्कालीन उद्योगपति अपने को अर्जित धन का मालिक न मानकर उसके ट्रस्टी मानते थे। उनकी सोच और कार्यकलापों में इंसानियत विद्यमान रहती थी। यह बात देश के सुप्रसिद्ध उद्योगपति रहे घनश्याम दास जी बिड़ला द्वारा उनके पुत्र बसन्त कुमार बिड़ला को सन् 1934 में लिखे पत्र से स्पष्ट होती है। पत्र यथावत् प्रस्तुत है :-

प्रिय बसंत,

यह जो लिख रहा हूँ, इसे बड़े होकर और बूढ़े होकर भी पढ़ना, अपने अनुभव की बात कहता हूँ। संसार में मनुष्य जन्म दुर्लभ है और मनुष्य जन्म पाकर जिसने शरीर का दुरूपयोग किया वह पशु है। तुम्हारे पास धन है, तन्दुरूस्ती है, अच्छे साधन हैं, उनका

सेवा के लिए उपयोग किया तब तो साधन सफल हैं अन्यथा वे शैतान के औजार हैं। तुम इस बात का ध्यान रखना और इंसानियत मत भूलना।

धन मौज-शौक में कभी उपयोग न करना, ऐसा नहीं कि धन सदैव रहेगा ही, इसलिए जितने दिन तुम्हारे पास में है उसका उपयोग सेवा के लिए करो। अपने ऊपर कम से कम खर्च करो बाकी जन कल्याण और दुःखियों का दुःख दूर करने में व्यय करो। धन शक्ति है, इस शक्ति के नशे में किसी के साथ अन्याय हो जाना संभव है, इसका ध्यान रखो कि अपने धन के उपयोग में किसी पर अन्याय न हो। अपनी संतान के लिए भी यही उपदेश छोड़कर जाओ।

यदि बच्चे मौज-मस्ती, ऐशो-आराम वाले होंगे तो वे अहंकारी बन पाप करेंगे और हमारा व्यापार चौपट करेंगे। ऐसे नालायक को धन कभी न देना, उनके हाथ जायें उसके पहले ही जन कल्याण के किसी काम में लगा देना या गरीबों को बाँट देना। तुम अपने मन के अंधेपन से संतान के मोह में स्वार्थ के लिए उपयोग नहीं कर सकते। हम भाईयों ने अपार मेहनत से व्यापार बढ़ाया है तो यह समझकर कि वे लोग धन का सदुपयोग करेंगे।

भगवान् को कभी मत भूलना, वह अच्छी बुद्धि देता है। इन्द्रियों पर काबू रखना, वरना वे तुम्हें डूबो देंगी। नित्य व्यायाम और योग करना। स्वास्थ्य ही सबसे बड़ी सम्पदा है। स्वास्थ्य से कार्य कुशलता आती है। कुशलता से कार्यसिद्धि और कार्यसिद्धि से समृद्धि आती है। सुख-समृद्धि के लिए स्वास्थ्य पहली शर्त है। मैंने देखा कि स्वास्थ्य सम्पदा रहित होने पर करोड़ों, अरबों के स्वामी भी दीन-हीन बनकर रह जाते हैं। स्वास्थ्य के अभाव में सुख-साधनों का कोई मूल्य नहीं है। इस सम्पदा की रक्षा हर उपाय से करना। भोजन को दवा समझ कर खाना, स्वाद के वश होकर मत खाते रहना, जीने के लिए खाना, न कि खाने के लिए जीना। - घनश्यामदास बिड़ला

घनश्यामदास जी बिड़ला के निधन को 39 वर्ष से अधिक समय हो गया, किन्तु आज भी उनका नाम सम्मान से लिया जाता है। किसी का यह कथन कितना सटीक है :-

"एक इंसान बनकर जीना महत्त्वपूर्ण नहीं, अपितु इंसानियत रखकर जीना महत्त्वपूर्ण है, क्योंकि इंसान तो मर जाता है, लेकिन इंसानियत सदैव जीवित रहती है।"

*

4.

ज्ञान विद्वता का अहंकार

अहंकार ज्ञान के सभी रास्ते बंदकर देता है, जबकि जिज्ञासु भाव से कुछ नया और सार्थक जानने का निरन्तर प्रयास व्यक्ति को बौद्धिक व आत्मिक रूप से सम्पन्न बनाता है।   - वैज्ञानिक न्यूटन

ज्ञान अथाह समुद्र की तरह है, अनन्त है। इसलिए अपने ज्ञान को सम्पूर्ण मानकर उस पर अहंकार नहीं करना चाहिए। जो ज्ञान आपके पास है उसका लाभ लेकर जीवन सँवारना चाहिए, इसके लिए विनम्रता ज़रूरी है।

झुकता वही है जिसके पास बहुत कुछ होता है। वो कहते हैं न कि फलों से लदी डालियाँ ही झुकती हैं। यदि आप वाकई विद्वान् हैं तो फिर अकड़ किस बात की। यदि अकड़ है तो फिर विद्वत्ता में, ज्ञान में, सद्गुणों में कहीं न कहीं कोई कमी है। वो कहते हैं न कि 'विद्या ददाति विनयं' यानी विद्या आपको विनय देती है, विनय से आपको पात्रता मिलती है, योग्यता मिलती है। योग्यता से आप धन प्राप्त करते हैं। धन आपको धर्म देता है और धर्म से सुख प्राप्त होता है। अब आप ही बताएँ कि यदि विद्या से विनय न मिले तो विद्या बेकार ही हो गई ना! क्योंकि आपने विद्या ऊपरी तौर पर ही पाई, अंदर से आप गँवार ही रहे, अज्ञानी ही रहे। तभी तो घमंडी बन गए और घमंडी को किसी भी मंडी में कोई पूछ नहीं होती। वह बस अपनी दुनिया में जीता है। खुद ही खुश होता रहता है। इसलिए वाकई विद्वान बनना, कहलवाना चाहते हो तो विनम्र बनो। व्यवहार में नम्रता लाओ, शालीनता लाओ तब बाकी सद्गुण भी आपकी ओर खींचे चले जाएँगे, क्योंकि विनय समस्त गुणों की आधारशिला है। विनम्रता और सद्गुणों में चोली-दामन का साथ कहा गया है। तभी तो जो व्यक्ति विनम्र होता है, वह संस्कारी भी होता है और मूल्य आधारित जीवन जीता है। इसलिए कह सकते हैं कि यदि आपके पास विनय है तो फिर तो आपकी हर आस पूरी होगी, क्योंकि उस आस या सपने को पूरा करने के लिए

सफलता हासिल करने के लिए ज़रूरी बातें, गुण, संस्कार आपके अंदर जो होंगे। इसके सहारे तो आप एक के बाद एक नई कामयाबी पा सकते हैं, ऊँचे से ऊँचे शिखर पर पहुँच सकते हैं, नए-नए कीर्तिमान रच सकते हैं। विनम्रता का गुण जीवन में हर क्षेत्र में काम आता है। इसके सहारे आप लोगों के दिल पर राज़ कर सकते हैं, उन्हें अपना बना सकते हैं। इसलिए आप कितने ही बड़े बन जाएँ, ऊँचे उठ जाएँ, यदि आप विनय का साथ नहीं छोड़ेंगे तो फिर आपको कभी पीछे मुड़कर नहीं देखना पड़ेगा।

शिक्षा और सीखना जीवन भर चलने वाली प्रक्रिया है। इसमें उम्र आड़े नहीं आती। संसार में ज्ञान का अथाह भंडार है। मनुष्य जीवन भर प्रयत्न करे तो भी संपूर्ण ज्ञान नहीं पा सकता। इसलिए ज्ञान का अहंकार करना मूर्खता है। मरते समय मनुष्य इस सच्चाई को अनुभव करता है कि दुनियादारी ज़रूर सीखी पर दुनिया का संपूर्ण ज्ञान नहीं लिया। इसके अनगिनत दृष्टांत हैं।

तुम्हारी सारी विद्वत्ता व्यर्थ हो गई - प्रसिद्ध विद्वान् भारवि की माता

राजा ज्ञानसेन द्वारा आयोजित एक शास्त्रार्थ में दूर-दूर से विद्वान् आए। दस दिनों तक विद्वानों में विभिन्न विषयों पर खूब तर्क-वितर्क हुए। अंत में प्रसिद्ध विद्वान् भारवि ने विजय हासिल की। उनके प्रति सम्मान प्रदर्शित करने के लिए राजा ज्ञानसेन ने उन्हें हाथी पर बिठाया और स्वयं चँवर डुलाते हुए उनके घर तक पहुँच गए। अपने पुत्र को इस तरह सम्मानित होते देख भारवि के माता-पिता की खुशी का ठिकाना न रहा। सम्मान के मद में भारवि ने पिता का सिर्फ अभिवादन किया, उनके चरण स्पर्श नहीं किए। आहत पिता बिना कोई प्रतिक्रिया व्यक्त किए भावहीन खड़े रहे। भारवि ने अपनी माता से इसका कारण पूछा तो माता ने कहा- पुत्र! आज जिस सफलता पर तुम्हें इतना सम्मान मिल रहा है, उसके पीछे तुम्हारी पिता की लंबी साधना रही है। शास्त्रार्थ के दस दिनों के दौरान वे तुम्हारी जीत के लिए निराहार रहे। तुम्हारे अध्ययन के लिए उन्होंने कितना श्रम किया, यह भी तुम भूल गए और जीत के बाद अपनों का सम्मान कैसे करना चाहिए, यह भी तुम्हें ध्यान नहीं रहा। तुम्हारी सारी विद्वत्ता व्यर्थ हो गई, क्योंकि विद्वत्ता से तो विनय आता है, तुमने तो उसे ही त्याग दिया। यहाँ तक कि तुमने अपने राजा तक से विनय का पाठ नहीं सीखा, जो खुद चँवर डुलाते हुए तुम्हें घर छोड़ने आए हैं। भारवि को अपनी ग़लती समझ में आ गई और वे पिता के चरणों में गिर पड़े।

दोस्तों! भारवि ने तो अपनी ग़लती को तुरन्त सुधार लिया, लेकिन बहुत-से लोग ग़लती करने के बाद उसे सुधारते नहीं हैं, क्योंकि उन्हें अपनी विद्वत्ता का, ज्ञान का,

योग्यता का इतना दंभ हो जाता है कि फिर उन्हें बाकी सब अपने से कमतर नज़र आने लगते हैं। यहाँ तक कि इनकी सफलता में जिन लोगों की महत्त्वपूर्ण भूमिका रही है, वे भी इनके लिए महत्त्वहीन हो जाते हैं। वे सोचते हैं कि वे यदि दूसरों से प्यार से, विनम्रता से, सभ्यता से, शालीनता से बात करेंगे तो उनका कद छोटा हो जाएगा, सामने वाला उन्हें कम करके आँकने लगेगा।

विद्वत्ता की परख वेशभूषा से नहीं होती

सिद्धांत की आयु कुल चौबीस वर्ष की थी, जब वे राजा अजानबाहु के राजदूत बनकर कौशांबी गए। उनको देखकर वहाँ का राजा हँसा और बोला- "लगता है अजानबाहु की सेना में कोई दाढ़ी-मूँछ वाला विद्वान् नहीं, जो एक छोकरे को यहाँ भेजा गया।" सिद्धांत का स्वाभिमान फड़क उठा। उन्होंने कहा- "अजानबाहु को पता होता कि आप जैसा विद्वान् भी विद्वत्ता की परख वेश से करता है तो निःसंदेह यहाँ किसी दढ़ियल बकरे को ही भेज दिया गया होता। यदि आप अजानबाहु के दूत से चर्चा करना चाहते हैं तो पहले व्यक्ति को उसके गुण, कर्म, स्वभाव से परखना सीखें।" दुश्मन की सभा में यह गर्वोक्ति करने वाला सिद्धांत श्रेष्ठ माता-पिता की संतान तो था ही, साथ ही उसे जो शिक्षण एवं वातावरण मिला था, उसने उसे पराक्रमी भी बना दिया। वास्तव में श्रेष्ठता की परख वेशभूषा से नहीं होती, न ही आयु से। जैसा विकास बाल्यकाल से संतति का होता है, वैसी ही उच्च स्तरीय उसकी परिणति भी होती है।

जो समय पर काम आ जाए वही सच्चा ज्ञान

एक बार एक नाव में एक गणितज्ञ यात्रा कर रहा था। उस नाव में मात्र वो और माँझी, दो ही सवार थे। वक्त काटने तथा अपनी विद्वत्ता की धाक जमाने के लिए गणितज्ञ ने माँझी से प्रश्न किया- "तुमने कभी गणित पढ़ा है?"

माँझी बोला- "नहीं महाशय! मैंने कभी गणित नहीं पढ़ा।"

कुछ उपेक्षा भरे स्वर में गणितज्ञ बोला- "तब तो तुम्हारी चार आने ज़िन्दगी बेकार चली गई।" कुछ देर मौन रहने के बाद गणितज्ञ पुनः बोला- "अच्छा तुमने भूगोल तो पढ़ा ही होगा।

माँझी ने विनम्र स्वर में उत्तर दिया-" नहीं बाबूजी! भूगोल का क्या मतलब है, यह मैं नहीं जानता।"

सुनकर गणितज्ञ महोदय बोले- "तब तो तुम्हारी और आठ आने ज़िन्दगी यों ही बेकार चली गई।"

माँझी को झुँझलाहट तो हुई, पर वह चुप ही रहा। कुछ देर पश्चात् दैवयोग से ज़ोर का तूफ़ान आया और नाव लड़खड़ाने लगी। उछलती लहरों पर नाव ज़ोर के झटके खाने लगी। नाव सँभालते हुए माँझी ने गणितज्ञ महोदय से कहा- "बाबूजी! आपको तैरना तो आता होगा?"

गणितज्ञ घबराकर बोला- "नहीं, मैंने तो कभी तैरना नहीं सीखा।"

अब नाविक मुस्कराते हुए बोला- "गणित और भूगोल न जानने के कारण भले ही मेरी आठ आने की ज़िन्दगी बेकार चली गई हो, परन्तु तैरना नहीं जानने के कारण आपकी तो पूरी ज़िन्दगी ही जा रही है। नाव का पार लगना मुश्किल है। आप तैरना जानते तो बच जाते।"

अब गणितज्ञ ने महसूस किया कि ज्ञान की उपयोगिता प्रत्येक व्यक्ति के लिए परिस्थिति व समय के अनुसार ही तय होती है। जो समय पर काम आ जाए, वही सच्चा ज्ञान है।

उच्च शिक्षा प्राप्त नवयुवक को अपने ज्ञान का अभिभान, तिरोहित

ऊँची शिक्षा प्राप्त कर लौटे एक नवयुवक को अपने ज्ञान का अभिमान हो गया। कोई भी आता तो वह किसी को नमस्कार नहीं करता था। उसे अहंकार हो गया था कि अब मुझे सीखने के लिए कुछ शेष ही नहीं रहा है। इस अभिमान में वह अपने माता-पिता की भी अवज्ञा करता। उसके पिता ने अनुभव किया कि यदि उसके पुत्र को अहंकार से न उबारा गया तो उसका विकास रूक जाएगा। उसको शिक्षा देने के उद्देश्य से उन्होंने एक दिन घर में से थोड़ी चीनी ली और उसे धूल में मिलाकर घर के कोने में रख दिया। पिता ऐसा करके वहाँ से चले गए तो घर के छोटे बच्चों ने सोचा कि धूल में से चीनी कैसे निकाली जाए? मुश्किल यह थी कि धूल में से चीनी के कणों को अलग-अलग कर पाना संभव प्रतीत न हो रहा था। बच्चों ने सोचा कि बड़े भैया बहुत विद्वान् हैं, उन्हें ज़रूर ऐसी कोई विद्या आती होगी, जिससे इस चीनी को धूल से अलग किया जा सके।

बच्चों ने जाकर उनसे निवेदन किया तो नवयुवक अपनी ऐंठ के साथ वहाँ पहुँचा कि वह समस्या का समाधान चुटकी बजाते कर देगा। उसके अनेक प्रयत्न करने पर भी ऐसा संभव न हो सका। समस्या का समाधान न निकलते देख उसकी खीझ बढ़ती जाती और वह जितना खीझता, उतना बच्चे उसकी हँसी उड़ाते। थक-हारकर वह घर से निकल पड़ा और शाम को ही घर लौटा। अब तक पिता घर आ चुके थे। घर के छोटे

बच्चों ने सुबह घटी घटना, पिता को कह सुनाई। पिता ने धूल और चीनी के उस मिश्रण को अपने पास मँगाया और उसे चींटियों के बिल के सामने रख दिया। उनकी आँखों के सामने देखते-देखते चींटियाँ सारी चीनी निकाल कर ले गईं। मात्र धूल सामने रह गई। युवक यह देखकर हैरान रह गया। जो काम वह घंटों मशक्कत के बाद न कर सका, उसे चींटियाँ इतनी आसानी से कर गईं। उसका अहंकार तिरोहित हो गया। उसे लगा कि जीवन में आगे बढ़ने के लिए चींटियों जैसी गुणग्राह्यता ज़रूरी है, न कि अहंकार।

अहंकार में दूसरों को छोटा समझना सरल है, परन्तु अपने को छोटा समझना कठिन। अज्ञानता में दूसरों की ग़लती बताना सरल है, पर अपनी ग़लती स्वीकार करना बहुत कठिन।

विद्वत्ता पर विनम्रता भारी

पंडित विद्याभूषण बहुत बड़े विद्वान् थे, लेकिन अहंकारी भी। दूर-दूर तक उनकी प्रतिभा की चर्चा होती थी। उनके पड़ोस में एक अशिक्षित, परन्तु अत्यन्त सेवाभावी व्यक्ति रहते थे- रामसेवक। पंडित जी रामसेवक की उपेक्षा किया करते थे, क्योंकि उन्हें लगता था कि अशिक्षित होने के बावजूद भी लोग इन्हें इतना सम्मान देते हैं। एक दिन पंडित जी अपने घर के बाहर टहल रहे थे, तभी उन्होंने देखा कि एक व्यक्ति रामसेवक से मिलने आया है। तभी उन्होंने देखा कि एक व्यक्ति दुकानदार से उन्हीं के घर का पता पूछ रहा है। उन्हें लगा कि यह व्यक्ति मुझसे मिलने आया होगा। तभी उन्होंने देखा व सुना कि दुकानदार उस व्यक्ति से कह रहा था - "मुझे किसी पंडित जी का मकान नहीं मालूम।" तब व्यक्ति ने रामसेवक के घर का पता पूछा।

तब दुकानदार ने कहा- "अरे! उन्हें कौन नहीं जानता, वे बड़े भले आदमी हैं।" फिर उसने ऊँगली से इशारा करके रामसेवक का घर बता दिया। फिर दुकानदार ने पूछा- "लेकिन आपको रामसेवक जी से काम है या पंडित जी से।"

व्यक्ति बोला- "भाई! काम तो मुझे रामसेवक जी से ही है, पर उन्होंने ही बताया था कि उनका मकान पंडित विद्याभूषण जी के पास है।" यह सुनकर पंडित जी ग्लानि से भर उठे। वे सोचने लगे कि उन्होंने हमेशा रामसेवक को अपने से हीन समझा और उसकी उपेक्षा की, परन्तु रामसेवक कितना विनम्र है। वह स्वयं मुझसे अधिक प्रसिद्ध होते हुए भी मुझे ज़्यादा महत्त्व देता है। उसी रात पंडित जी ने रामसेवक के घर जाकर उनसे क्षमा-याचना की। उस दिन के बाद दोनों गहरे मित्र बन गए।

अर्जित ज्ञान का अहंकार व्यर्थ - एक दन्त कथा

योगी चांगदेव की आयु 140 वर्ष की थी। उन्होंने संत ज्ञानेश्वर की कीर्ति सुनी। सोचा उन्हें पत्र लिखें। प्रश्न आ खड़ा हुआ सम्बोधन का। संत ज्ञानेश्वर मात्र सोलह वर्ष के थे, उन्हें पूज्य कैसे लिखें? अभिमान ने कहा। इतने बड़े संत को 'चिरंजीव' कैसे लिखें, विवेक ने टोका। असमंजस में बिना कुछ लिखे ही कोरा काग़ज़ पत्र के रूप में भेज दिया। संत भावों की भाषा जानते हैं, कोरे काग़ज़ का अर्थ समझ गए। बहन मुक्ताबाई ने उत्तर लिखा- "आपकी आयु 140 वर्ष हो गई, फिर भी आप कोरे-के-कोरे ही रहे।"

चांगदेव को लगा भूल हो गई। मिलने चल पड़े। सिद्धि बल दिखाने के लिए शेर पर सवारी, साँप का चाबुक बनाया। ज्ञानेश्वर समझ गए कि अभिमान क्या है ? अगवानी के लिए जिस पत्थर पर बैठे थे, उसे ही चलने की आज्ञा दी। पत्थर चलता हुआ देख चांगदेव को बोध हुआ कि जानवरों को वश में करने वालों से जड़ पदार्थों को वश में करने वाला श्रेष्ठ है। उन्होंने आयु का अहंकार छोड़ा और ज्ञानदेव के शिष्य बन गए। वास्तव में अर्जित ज्ञान का अहंकार व्यर्थ है। अधिक ज्ञान व अधिक आयु होने पर भी विद्या सम्पन्न अल्पायु साधकों के समक्ष वे तुच्छ हैं।

ज्ञान प्राप्ति के मार्ग में राजपद का अहंकार बाधक - महर्षि रैक्व

महर्षि रैक्व बैलगाड़ी चलाकर जीविका उपार्जन करते थे। उस राज्य के राजा जानश्रुति को ज्ञात हुआ कि महर्षि रैक्व ब्रह्मज्ञानी हैं। उनसे ब्रह्मविद्या सीखने के उद्देश्य से राजा जानश्रुति राजपरिवार को साथ लेकर महर्षि से मिलने उनकी झोपड़ी पर पहुँचे। महर्षि अत्यन्त सादगीपूर्ण जीवन व्यतीत करते थे। राजा जानश्रुति ने महर्षि को प्रणाम किया और उनसे निवेदन किया- "मैं ब्रह्मविद्या सीखने का इच्छुक हूँ, यदि आप मेरे गुरु बन सकें तो मैं स्वयं को कृतार्थ समझूँगा।" महर्षि रैक्व निस्पृह भाव से जहाँ बैठे थे, वहीं बैठे रहे। राजा के कई बार अनुरोध करने पर जब महर्षि ने कोई उत्तर नहीं दिया तो राजा को लगा कि संभवतया महर्षि किसी प्रकार की दक्षिणा या उपहार के आकांक्षी हैं।

ऐसा सोचते हुए राजा जानश्रुति महर्षि से बोले- "ऋषिवर! मैं आपके सम्मुख हज़ारों गायें एवं बेशकीमती रत्न, जवाहरात भेंट करना चाहता हूँ। इन्हें स्वीकार कर मुझे ब्रह्मविद्या का उपदेश देने का अनुग्रह करें।" यह सुनकर महर्षि रैक्व बोले- "पुत्र! इस ज्ञान की प्राप्ति में यही तो बाधा है। राजपद का अहंकार तुम्हें ऐसा समझने पर विवश करता है कि तुम्हें भ्राँति हो गई है कि ब्रह्मविद्या भी कोई क्रय-विक्रय की वस्तु है, जिसे निर्धारित

मूल्य देकर ख़रीदा जा सकता है। ब्रह्मविद्या तो ब्रह्मा को जानने की विद्या है, जो समस्त आकर्षणों से परे है। यदि इसको भी ख़रीदा जा सके तो इसमें और बाज़ार में बिकते सामान में क्या अंतर है?"

राजा जानश्रुति का अहंकार चूर हो गया, उन्हें भान हुआ कि अध्यात्म के पथ पर चलने में अहंकार ही तो बाधा है। यदि यह समाप्त हो जाए, कामनाएँ शून्य हो जाएँ तो प्रभु की भक्ति से उन्हें कौन रोक सकता है। इस भावना के साथ जब वे महर्षि के समक्ष पुनः प्रस्तुत हुए तो वे सच्चे ज्ञान के अधिकारी बने।

विद्वान् भारतेन्दु बाबू हरिश्चन्द्र अहंकार के कारण बने दुर्दशाग्रस्त

आधुनिक हिन्दी-साहित्य के पितामय कहलाने वाले भारतेन्दु बाबू हरिश्चन्द्र कवि, लेखक और नाटककार थे, उसके कारण उन्हें सार्वजनिक प्रतिष्ठा और सम्मान भी मिला, धन भी बहुत कमाया, किन्तु अपव्यय और अहंकार ने ही उनके जीवन को दुर्दशाग्रस्त बना दिया। घर आए धन की होली फूँकने, अँधाधुँध ख़र्च करने से तो बड़े-बड़े धनवान भी कंगाल हो जाते हैं। भारतेन्दु बाबू उक्त कथन के प्रत्यक्ष उदाहरण हैं।

पैतृक सम्पत्ति के रूप में तो उन्हें धन की कमी पहले से ही नहीं थी। अपने साहित्यिक उपार्जन से भी उन्होंने अपना कोष बढ़ाया। वह सब धन किसी बैंक या पोस्ट ऑफिस में जमा कर देते तो उसके ब्याज में सारा जीवन हँसी-खुशी और मस्ती में बिता लेते, पर अपव्यय की बुरी लत ने उन्हें ऐसा पछाड़ा कि मरते समय उनके पास कानी कौड़ी भी शेष न रही।

भारतेन्दु बाबू बहुत कीमती कपड़े पहनते, खाना इतना मसालेदार और स्वादिष्ट बनता की कोई राजा, महाराजा ही वैसा खाता होगा? प्रतिदिन दिन में कई बार अंगराग और कीमती सुगन्धित तेलों की मालिश कराते। भोजन, वस्त्र फुलेल की इतनी मात्रा खरीदी जाती कि स्वयं के पास प्रतिदिन कई चाटुकार और झूठे प्रशंसक भी उनका उतना ही आनंद लूटते।

दीपक में फुलेल जलता, रोशनदानों के कपड़े रोज़ बदले जाते। जूते तो धनी आदमी भी 5-6 महीने पहन लेते हैं, पर भारतेन्दु बाबू के लिए इतने दिनों के लिए 4 से 5 जोड़ी जूते-चप्पल भी कम रहते। आखिर धन की, आय की भी मर्यादा है। उस सीमा के बाहर पाँव रखने से तो आर्थिक दुर्गति होती है।

जाड़े की रात्रि थी। कुछ लोग बाहर से मिलने आए थे। झूठे दंभ के लिए अपने को बहुत बढ़ा-चढ़ाकर व्यक्त करने वालों के पीछे उचक्कों की कमी नहीं रहती। वे प्रायः

झूठी प्रशंसा करके अपना उल्लू सीधा करते हैं। दंभी सज्जन उसी में अपना गौरव मानते हैं। ऐसे समय थोड़ा भविष्य पर भी विचार कर लिया करें तो संभवतः लोग परेशानियों से पहले ही बच लें। भारतेन्दु पढ़े-लिखे थे, पर दूरदर्शी नहीं। उन लोगों ने आते ही उनकी उदारता की झूठी प्रशंसा प्रारम्भ कर दी। इधर हाथ सेंकने के लिए अँगीठी की आवश्यकता पड़ी। अँगीठी इधर-उधर दिखाई न दी तो उसे और बढ़कर ढूँढ़ना अपना अपमान जान पड़ा। शेखी में आकर जेब से नोट निकालकर उन्हीं में आग लगा दी और अपने हाथ सेंके। हम नहीं समझते दर्शकों पर इसका क्या प्रभाव पड़ा होगा? भीतर ही भीतर ऐसी मूर्खता पर वे हँसे ही होंगे। इस तरह की संगति और जीवनक्रम के कारण उनमें चरित्र दोष भी आ गए। हितैषियों ने समझाया "भैया हाथ रोककर ख़र्च किया करो, लुटाया नहीं जाता, न जाने आगे कैसी स्थिति आ जाए? पर भारतेन्दु जी की बुद्धि ने सही काम न किया।

अपव्यय के दुर्गुणों ने उन्हें शारीरिक और मानसिक दोनों दृष्टि से विक्षिप्त कर दिया। वे मात्र पैंतीस वर्ष की आयु में ही अलविदा हो गए। जीवन के अंतिम दिनों में उन्हें पैसे-पैसे के लिए दूसरे साथियों के आगे हाथ फैलाना पड़ा।

मृत्यु के क्षणों में भारतेन्दु बाबू ने कहा "किसी के पास धन और साधन कितने ही बड़े क्यों न हो उनका ख़र्च और उपयोग बहुत हाथ साधकर सावधानी के साथ भविष्य की चिंता रखकर ही करना चाहिए।" यह बात पहले समझ में आई होती तो यह दुर्दशा न होती।

किसी वस्तु का मूल्य और महत्त्व तब समझ में आता है जब वह हाथ से निकल जाती है। धन की स्थिति में अहंकारवश धनवान को उसके महत्त्व का ध्यान नहीं आता। उसे वह अपने लिए बड़ा ही साधारण और सामान्य वस्तु समझता है, किन्तु जब वह उससे हाथ धो बैठता है तब उसके महत्त्व को बार-बार याद करके रोता, कल्पता और पछताता है।

सच्चा ज्ञानी कौन?

एक दिन संत कन्फ्यूशियस के पास उनके कुछ शिष्य जाकर बोले- "गुरुदेव सच्चा ज्ञानी कौन होता है?"

कन्फ्यूशियस ने कहा- "अभी बताते हैं।" यह कहकर सब शिष्यों को लेकर एक ओर चल पड़े। सब लोग एक गुफा के अंदर प्रविष्ट हुए। वहाँ एक महात्मा निवास करते थे। जप, तप और चिंतन में अपना समय बिताया करते थे। कन्फ्यूशियस ने उनको प्रणाम

किया और एक ओर बैठ गए, फिर शांत होकर पूछा- "भगवन्! हम लोग आपके पास ईश्वर का ज्ञान प्राप्त करने आए हैं, बताइए यह कौन है, क्या है, कहाँ रहता है?"

महात्मा बिगड़ उठे- "तुम लोग यहाँ मेरी शांति भंग करने क्यों आ गए? भागो मेरे भजन में विघ्न पड़ता है।"

कन्फ्यूशियस शिष्यों को लेकर बाहर निकल आए। उन्होंने कहा- "एक ज्ञानी तो यह है कि जिन्होंने संसार से आँखें मूँद ली हैं। संसार में सुख-दुःख की परिस्थितियों से अलग, एकांत में शांति की इच्छा रखने वाले यह संत छोटे दर्ज़े के ज्ञानी हुए।" और जब वे गाँव में पहुँचे, जहाँ एक तेली कोल्हू चला रहा था। बैल की आँखें बँधी थीं, वह अपनी मस्त चाल में उतना दायरा न मालूम कब से नाप रहा था और तेली कोल्हू पर बैठा कोई गीत गुनगुना रहा था।

कन्फ्यूशियस ने कहा- "भाई मैंने सुना है कि तुम ब्रह्मज्ञानी हो हमें भी थोड़ा ब्रह्म का उपदेश कीजिए।"

तेली ने हँसकर उत्तर दिया- "भाई, यह बैल ही मेरा ब्रह्म, मेरा परमात्मा है इसकी सेवा मैं करता हूँ, यह मेरी सेवा करता है। बस हम दोनों सुखी हैं, सुख ही ब्रह्म है।"

गुरुदेव बाहर निकले और शिष्यों को सम्बोधित कर कहा- "मध्यम ज्ञानी प्रबुद्ध गृहस्थ के रूप में यह तेली है, जिसके मन में ज्ञान प्राप्ति की आकांक्षा है, यह धीरे-धीरे अपने लक्ष्य की ओर बढ़ रहा है।"

अब वे फिर आगे बढ़े। उन्होंने कहा- "संसार की खुली परिस्थितियों का अध्ययन करने से स्थिति का उतना अच्छा ज्ञान हो सकता है, जितना कि पुस्तकों के पढ़ने अथवा महात्माओं के प्रवचन से नहीं हो सकता। पुस्तक तो एक व्यक्ति का दृष्टिकोण होती है, प्रवचन एक व्यक्ति की ज्ञान-साधना का निष्कर्ष, इसलिए संसार को देखो और यह पता लगाओ कि स्पष्ट स्थिति कहाँ है और भ्रम कहाँ? जो निर्विकार और सही हो, उसे तुम्हारी बुद्धि आप स्वीकार करेगी, फिर उसे अपने जीवन में धारण करने से कल्याण हो सकता है।"

इस तरह बातचीत करते हुए वे एक बुढ़िया के दरवाज़े पर रूके। कई लड़के बुढ़िया के आस-पास शोरगुल कर रहे थे। बुढ़िया चरखा कात रही थी। बीच-बीच में किसी बच्चे के माँगने पर पानी पिला देती, कभी किसी नटखट बालक को डाँट भी देती। कभी किसी को हँसकर समझाती, फिर बच्चे खेलने लगते तो वह भी अपना चरखा कातने में मगन हो जाती। कन्फ्यूशियस जैसे ही वहाँ पहुँचे, सब लड़के भाग गए। उन्होंने पूछा- "माताजी! आप कृपा कर यह बताइए, क्या आपने ईश्वर देखा है?"

बुढ़िया मुस्कराई और बोली- "हाँ-हाँ बेटा। वह अभी यहीं खेल रहा था, आपको देखते ही भाग गया। वह निरर्थक शोरगुल, बच्चों का रूठना, मेरा मनाना, फिर हँसी, फिर विनोद यही तो ईश्वर था, जो तुम्हारे यहाँ आते ही चला गया।"

कन्फ्यूशियस शिष्यों को साथ लेकर घर लौट पड़े- उन्होंने बताया- "निष्काम ज्ञानी के रूप में यह बुढ़िया ही सच्ची ज्ञानी है, जो ज्ञान का सम्बन्ध किसी उपयोग या लाभ से नहीं जोड़ती, उसे उन्मुक्त रखकर स्वयं भी मुक्त भाव का अनुभव करती है।"

जो ज्ञान बिना किसी श्रमस्वेद के प्राप्त हो जाए, वह निरा थोथा

एक महात्मा थे। उनका एक युवा शिष्य था। अत्यन्त मेधावी, किन्तु मेधा के साथ ही उसमें दम्भ भी चला आया था। अपने ज्ञान और विद्वत्ता पर उसे बड़ा अभिमान था। महात्मा शिष्य के इस घमंड को दूर करना चाहते थे। इसलिए एक दिन सबेरे ही वह उसे साथ लेकर यात्रा पर निकले।

धूप चढ़ते दोनों एक खेत में पहुँचे। वहाँ एक किसान क्यारियाँ सींच रहा था। गुरु ने शिष्य से कहा, कुछ कहो नहीं, केवल चुपचाप देखते रहो। दोनों काफी देर तक वहाँ खड़े रहे, किन्तु किसान ने आँख उठाकर भी उनकी ओर देखा तक नहीं। वह लगन से अपने काम में लगा रहा। दोपहर ढलने पर वे एक नगर में पहुँचे। वहाँ उन्होंने देखा कि एक लुहार लोहा पीट रहा है। पसीने से उसकी सारी देह तर-बतर हो रही थी। गुरु-शिष्य काफी देर तक वहाँ भी खड़े रहे, लेकिन लुहार को गर्दन ऊपर उठाने की भी फुर्सत नहीं थी। गुरु-शिष्य फिर आगे बढ़े और दिन ढलने के समय एक सराय में पहुँचे। वे थकान से चूर हो गये। वहाँ तीन मुसाफिर और बैठे थे। वे भी पूरी तरह थके हुए दिखाई पड़ते थे।

गुरु ने शिष्य से कहा- "देखा, पाने के लिए कितना देना होता है। किसान तन-मन लुटाता है, तब कहीं खेत फलता है। लुहार शरीर सूखा देता है, तब धातु सिद्ध होती है। यात्री अपने को थकाकर मंज़िल पाता है। तुमने ज्ञान के पोथे रट डाले, लेकिन कितना ज्ञान पा लिया? विनय कितना मिला? बोध कितना आया? ज्ञान तो कमाई है। कमाकर ही उसे पाया जाता है। कर्मों से ज्ञान की क्यारियाँ सींचो। जीवन की आँच में ज्ञान की धातु को सिद्ध करो। मार्ग में खुद को चुकाकर ज्ञान पाओ। जो कमाता है, उसी के पास ज्ञान जाता है।"

ज्ञान किसी जाति विशेष की बपौती नहीं - बम्बई (मुम्बई) उच्च न्यायालय के न्यायाधीश रानाड़े

उच्च न्यायालय के न्यायाधीश रानाड़े उन दिनों कांग्रेस के नेता थे। रानाड़े ने उच्च शिक्षा प्राप्त की थी। बेहतर पद की उपलब्धि के बाद भी रानाड़े की ज्ञान पाने की भूख

मिटी नहीं थी। उन्हें कुछ न कुछ नया सीखने की सदैव ललक बनी रहती थी, इसलिए जहाँ भी अवसर मिलता, वे प्रयास करते कि उनके ज्ञान में अभिवृद्धि हो। एक बार उनके मन में विचार आया कि बांग्ला भाषा सीखी जाए। उन्होंने ऐसे व्यक्ति की खोज आरंभ की, जिसका बांग्ला भाषा पर अच्छा अधिकार हो। बहुत प्रयास के बाद भी रानाड़े को ऐसा व्यक्ति नहीं मिल पाया। एक दिन उनका नाई जब उनकी हजामत बनाने आया तो रानाड़े ने इस बात की चर्चा उससे की। संयोग से नाई बांग्ला भाषा का जानकार था। यह जानकर रानाडे प्रसन्न हो गए और उन्होंने नाई से उसी दिन से बांग्ला सीखना शुरू कर दी। यह देख उनकी पत्नी ने कहा- आप पढ़ भी रहे हैं तो किससे ? कोई सुनेगा, तो आपके सम्मान को धक्का लगेगा। रानाड़े हँसते हुए बोले- दत्तात्रय ने तो 24 गुरु बनाए थे। उनमें कीड़े-मकोड़े, पशु-पक्षी तक थे। फिर हमें नाई को गुरु बनाने में क्या आपत्ति होनी चाहिए? दरअसल ज्ञान जहाँ से भी मिले, उसे हृदय से ग्रहण किया जाना चाहिए। ज्ञान सार्वभौमिक है, वह किसी व्यक्ति या जाति विशेष की बपौती नहीं है, इसलिए वह जहाँ भी, जिससे भी मिले, स्वीकार किया जाना चाहिए। सार यह है कि ज्ञान का स्रोत कोई भी हो, किन्तु ज्ञान सदा कल्याणकारी होता है।

राजा भोज और माघ पंडित का अहंकार

राजा भोज व माघ पंडित सैर करने निकले। दोनों ही विद्वान् थे, किन्तु उन्हें अपनी विद्वत्ता पर गर्व भी था। वे साहित्य चर्चा में ऐसे खो गए कि रास्ता भूल गए उन्हें एक बुढ़िया दिखाई दी। दोनों ने उससे पूछा, "माँ, यह रास्ता कहाँ जाएगा ?"

बुढ़िया ने उत्तर दिया, "रास्ता तो यहीं रहेगा, इसके ऊपर चलने वाले जाएँगे। भाई, तुम कौन हो ?"

दोनों बोले, "माँ, हम तो पथिक हैं।"

बुढ़िया ने कहा, "पथिक तो दो ही हैं- एक सूरज, दूसरा चन्द्रमा।"

"माँ हम तो पाहुने हैं।"

पाहुने दो ही हैं, "एक धन, दूसरा यौवन।"

भोज बोला, "हम तो राजा हैं।"

बुढ़िया बोली, "राजा तो दो हैं - एक इन्द्र, दूसरा भोज राजा।"

यह सुन दोनों बोले, "माँ हम तो साधु हैं।"

बुढ़िया बोली, "साधु तो दो ही हैं- शील व संतोष।"

माघ बोले, "माँ हम परदेशी हैं।"

"जीवन व पेड़ का पत्ता, परदेशी तो ये दो ही हैं।" भोज और माघ उस बुढ़िया की बुद्धि से चकित थे।

वे बोले, "माँ हम तो गरीब हैं।"

बुढ़िया बोली, "गरीब तो दो हैं, बकरी का जाया बकरा और लड़की।"

तब माघ बोले, "माँ, हम तो हारे हुए हैं।"

वह बोली, "हारे हुए तो बस दो ही हैं - एक ऋण लेने वाला व दूसरा बेटी का बाप।"

अंत में वे हारकर उस बुढ़िया से बोले, "माँ, हम कुछ भी नहीं जानते।"

बुढ़िया बोली, "तुम दोनों को अपनी विद्वत्ता का बड़ा घमंड हो गया था। मैं तो तुम्हारी बातों से ही जान गई थी कि तू राजा है और यह माघ पंडित। जाओ धारा नगरी का रास्ता यही है।"

ज्ञान का अहंकार नहीं करना चाहिए - वैज्ञानिक न्यूटन

विश्वविख्यात वैज्ञानिक न्यूटन की उपलब्धियाँ सर्वविदित है। उनके द्वारा की गई खोज और उनके परिणाम इतने सटीक हैं कि सम्पूर्ण विज्ञान-जगत् आज भी उनका अनुसरण करता है। इतने महान् विद्वान् और सफलता के शीर्ष पर खड़े होने के बावजूद न्यूटन अत्यन्त विनम्र और मृदुभाषी थे। उन्हें अपनी उपलब्धियों पर लेशमात्र भी अहंकार नहीं था और सादगी की वे प्रतिमूर्ति थे। एक बार न्यूटन बहुत बीमार हो गए। बड़े से बड़ा चिकित्सक भी उन्हें स्वस्थ नहीं कर पा रहा था। सभी को महसूस हो रहा था कि न्यूटन का अंत समय नज़दीक आ गया है। न्यूटन की बेचैनी बढ़ती जा रही थी। यह देखकर उनके एक अंतरंग मित्र ने उन्हें सांत्वना देते हुए कहा- आपको तो गर्व करना चाहिए कि आपने प्रकृति के गूढ़ रहस्यों को बहुत नज़दीक और ध्यान से देखा है और संपूर्ण विश्व आपके शोध-परिणामों का अनुसरण करता है। मित्र की बात सुनकर न्यूटन बोले- संसार मेरे अनुसंधान के विषय में कुछ भी कहे, किन्तु मुझे ऐसा प्रतीत होता है कि मैं समुद्र तट पर खेलने वाले उस बच्चे के समान हूँ, जिसको कभी-कभी अपने साथियों की अपेक्षा कुछ अधिक सुंदर पत्थर, सीप व शंख मिल जाते हैं। वास्तविकता तो यह है कि सत्य का अथाह समुद्र मेरे सामने अब भी बिना खोजा पड़ा है। वस्तुतः ज्ञान अनंत है, इसलिए कभी भी अपने ज्ञान को संपूर्ण मानकर अहंकार नहीं करना चाहिए। अहंकार ज्ञान के सभी द्वार बंद कर देता है, जबकि जिज्ञासु भाव से कुछ नया और सार्थक जानने का निरन्तर प्रयास व्यक्ति को बौद्धिक व आत्मिक रूप से सम्पन्न बनाता है।

*

5.

पद-प्रतिष्ठा का अभिमान

ये दबदबा ये हुकूमत, ये नशा, दौलत का पद-प्रतिष्ठा का, सब किरायेदार हैं, घर बदलते रहते हैं। विनम्रता, मुस्कुराहट, अपनापन, स्वभाव, दया, प्रेम ये सब अपने हैं साहब, इनसे ही सब फलते-फूलते हैं। - मदनमोहन दानिश

अपने रंग, रूप, सामर्थ्य, शक्ति, पद, प्रतिष्ठा किन्हीं भी विशेषताओं का अभिमान मनुष्य के पतन का कारण बन जाता है। मनुष्य की विभिन्न क्रियाएँ, चेष्टाएँ, अभिमान का नशा चढ़ने पर असंतुलित और अव्यवस्थित हो जाती है।

अपने पद-प्रतिष्ठा का अभिमान करने वाले व्यक्तियों के कुछ दृष्टान्त प्रस्तुत हैं :-

सेठजी का अहंकार छूमंतर

एक धनाढ्य सेठ था, समाज में उसकी बड़ी प्रतिष्ठा थी। उनके परिवार का प्रत्येक सदस्य बड़े शान-शौकत की ज़िन्दगी बिता रहा था और और इसका उन्हें अहकार भी था।

सेठजी के यहाँ आए दिन कोई न कोई आयोजन होता ही रहता था। हर आयोजन को भव्य बनाने के लिए भारी धनराशि व्यय की जाती थी। ऐसे मौकों पर बड़े-बड़े लोग आमंत्रित किए जाते थे। उनकी खूब आवभगत होती थी। जिसे भी सेठजी का निमंत्रण मिलता, वह स्वयं को बहुत सम्मानित अनुभव करता था।

एक बार की बात है सेठजी ने अपने तीसरे पुत्र के विवाह के अवसर पर एक भव्य भोज का आयोजन किया। विवाह की धूमधाम तो ऐसी हुई कि जिसने देखा बस देखता ही रह गया।

विशिष्ट लोगों को निमंत्रण पत्र देने के लिए सेठजी अपनी कीमती कार में बैठ स्वयं भाग-दौड़ कर रहे थे। वे महामना पण्डित मदनमोहन मालवीय के पास भी पहुँचे।

मालवीय जी उस समय अपने कक्ष में काशी हिन्दू विश्वविद्यालय के कुछ वरिष्ठ प्रोफेसरों के साथ विचार-विमर्श कर रहे थे। सेठ जी को अचानक अपने सामने देखकर, उन्होंने उठकर उनका स्वागत किया। वहाँ बैठे हुए प्राध्यापक दूसरे कक्ष में चले गए।

सेठजी ने बैठते ही निमंत्रण पत्र गर्वित भाव से मालवीय जी के सामने बढ़ा दिया। मालवीय जी ने उसे पढ़ा और बोले- "यह आपकी कृपा है, जो मुझ अकिंचन के पास आप निमंत्रण पत्र देने पधारे, किन्तु क्षमा करें, मैं आपके यहाँ प्रीतिभोज में सम्मिलित नहीं हो पाऊँगा।"

सेठजी यह अप्रत्याशित उत्तर सुनकर स्तब्ध रह गए। आज तक किसी ने उनका आग्रह इस तरह नहीं ठुकराया था। उन्होंने पूछा- "क्या बात है पंडित जी! मुझसे कौन-सी भूल हो गई जिससे आप रूष्ट हो गए?"

मालवीय जी बोले- "मैं रूष्ट नहीं, दुःखी हूँ। आप दिखावे के लिए जिस तरह अपना धन पानी की तरह बहाते हैं, वह मुझे अच्छा नहीं लगता। आप ऐसा क्यों करते हैं?"

सेठ जी ने कहा- "भगवान ने मुझे दिया है, इसीलिये दिल खोलकर खर्च भी करता हूँ। इस बहाने मुझे आप जैसी विभूतियों को अपने घर बुलाने और आदर-सत्कार का सौभाग्य मिल जाता है।"

मालवीय जी गम्भीर हो गए। बोले- "सेठजी! क्या भोज और फिजूलखर्ची से ही यश और सम्मान मिलता है? आपकी यह धारणा गलत है। हमारा देश गरीब है। यहाँ हजारों-लाखों लोग ऐसे हैं, जो भूखे रहकर, आधा पेट खाकर दिन काट रहे हैं। यहाँ बड़े-बड़े भोज इन नंगे-भूखे लोगों का मजाक उड़ाते हैं, उनकी पीड़ा को दुगुनी करते हैं। आप ही सोचिये, जब मेरे दिमाग में भूख से बिलबिलाते लोगों की तस्वीर हर समय बनी रहती है, तो आपके भोज में परोसे जाने वाले स्वादिष्ट पकवान मेरे गले के नीचे भला कैसे उतर सकते हैं? यदि आप इस भोज के खर्च से गरीबों को भोजन कराते, तो मैं उनकी पांत में बैठकर भरपेट खाता और संतुष्ट होता।"

सेठ जी ने सिर झुका लिया, उनका अहंकार छूमंतर हो गया। कुछ क्षणों तक मौन रहने के बाद जब उन्होंने अपनी गर्दन ऊपर उठाई तो उनकी आँखों में आँसू थे। वे बोले- "पंडित जी! आज आपने इंसानियत का पाठ पढ़ाकर मेरी आँखें खोल दीं। मैं आपकी कही हुई बातें कभी नहीं भूलूँगा। भविष्य में मेरा भोज दरिद्र नारायण का ही होगा और परमार्थ मेरे जीवन का लक्ष्य रहेगा।

पद का अहंकार - पुत्र ने पिता को पहचानने से किया इंकार

कुछ लोग ऐसे भी हैं जो अपने माता-पिता को अपने साथ रखने से कतराते हैं। कई मौकों पर उन्हें पहचानने से भी इंकार कर देते हैं और कुछ खास मौकों पर आमंत्रितों के सामने अपनी पद प्रतिष्ठा के कारण उनका परिचय कराने में लज्जा का अनुभ्व करते हैं। इसी संदर्भ में एक दिलचस्प सत्य घटना प्रस्तुत है :-

मध्यप्रदेश के विदिशा जिले की गंजबासौदा तहसील के एक गाँव में राजपूत परिवार का एक लड़का पढ़ने में होशियार था। उस लड़के ने पाँचवीं कक्षा तो अपने गाँव के स्कूल में से पास की। इसके बाद की पढ़ाई के लिए वह पास के ही गाँव के मिडिल स्कूल में जाने लगा। मिडिल स्कूल की परीक्षा उत्तीर्ण करने के बाद उसने गंजबासौदा के हाईस्कूल में कक्षा नौवीं में प्रवेश ले लिया तथा वहाँ से हाईस्कूल तथा बाद में इण्टरमीडिएट की परीक्षाएँ पास कीं। दोनों की परीक्षाओं में प्रथम श्रेणी में उत्तीर्ण हुआ। लड़के के पिताजी को लोगों ने सलाह दी कि आपका लड़का पढ़ने में अच्छा है और उसे आगे की पढ़ाई के लिए ग्वालियर भेज दो, वहाँ की पढ़ाई अच्छी है। वहाँ लड़का कॉलेज की पढ़ाई के साथ-साथ प्रतियोगी परीक्षाओं की तैयारी भी कर सकेगा। लड़के के पिताजी को यह बात समझ में आ गई। अतः उन्होंने लड़के को ग्वालियर पढ़ने के लिए भेज दिया।

लड़के के पिता पढ़े-लिखे नहीं थे, लेकिन सम्पन्न कृषक थे, अतः उनके समक्ष लड़के की पढ़ाई का खर्च उठाने की कोई समस्या नहीं थी।

लड़के ने ग्वालियर के विक्टोरिया कॉलेज (अब महारानी लक्ष्मीबाई) से बी.ए. तथा एम.ए. की पढ़ाई की, साथ ही एम.पी.पी.एस.सी. की प्रतियोगी परीक्षाओं की तैयारी भी करता रहा। पी.एस.सी. की प्रतियोगी परीक्षा में प्रथम प्रयास में ही सफल रहा तथा बाद में इण्टरव्यू भी अच्छा रहा। अतः डिप्टी कलेक्टर के लिए चुन लिया गया।

लड़का पढ़ाई के दौरान तथा बाद में नौकरी के बाद भी बराबर माता-पिता से मिलने गाँव आता-जाता रहता था। उन दिनों टेलीफोन की सुविधा सर्वसुलभ नहीं थी। अतः समाचारों का आदान-प्रदान चिट्ठियों के द्वारा ही होता था।

एक बार लड़के के पिता की इच्छा हुई कि वह देखकर आए कि उसका लड़का कैसे रहता है। उन्होंने अचानक कार्यक्रम बनाया। अपने कपड़े एक बड़े झोले में रखे। माँ ने एक झोले में लड़के की मनपसंद मिठाइयाँ बनाकर रख दीं। लड़के के पिताजी सिर पर साफा बाँधते थे और लाठी हमेशा अपने साथ रखते थे।

लड़के के पिता अपने पुत्र का पता लेकर तथा दो स्थानों पर बस बदलते हुए उस स्थान पर पहुँच गए जहाँ लड़के की पोस्टिंग थी। बस स्टेण्ड से पता पूछते-पूछते आगे बढ़े तथा एक स्थान पर रूककर उन्होंने पुनः एक व्यक्ति से लड़के का पता पूछा तो उसने इशारे से बताया कि वो सामने बंगला है, आप सीधे चले जाइए। पिताजी अपने पुत्र के बंगले के पास पहुँच गए। वहाँ बाहर गार्डन में कुर्सियाँ लगी हुई थी। लड़के के मित्र तथा परिचित लोग बैठे हुए थे। चाय-पानी हो रहा था। लड़के ने जैसे ही पिताजी को देखा तो उसके होश उड़ गए, वह घबरा गया। पिताजी जब नजदीक आ गए तो उसने खाली पड़ी कुर्सी पर बैठने का इशारा किया, पिताजी बैठ गए। इतने में वहाँ उपस्थित एक सज्जन ने डिप्टी कलेक्टर से पूछा- ये कौन हैं? पहले तो उसने अनसुना कर दिया, किन्तु दुबारा पूछने पर बतलाया कि ये मेरे गाँव से आए हैं। मेरे पिताजी के मिलने वाले हैं। यह बात जैसे ही लड़के के पिता ने सुनी उनका चेहरा एकाएक लाल हो गया वे काँपने लगे और कुर्सी से उठकर बोले साहब लोगों यह सही है कि मैं इसके गाँव से आया हूँ, लेकिन मैं इसके पिताजी का नहीं, इसकी माताजी का मिलने वाला हूँ। इतना कहकर वह अपना सामान उठाकर बस स्टेण्ड की ओर भारी कदमों से चल दिए।

उपरोक्त उदाहरण की सबसे अहम् बात तो यह है कि जिस बेटे को पाने के लिए पिता ने दर-दर माथा टेका, पत्थर पूजे, मन्नतें माँगी, आज वही बेटा अपने पद, प्रतिष्ठा की झूठे अंहकार, शान के कारण अपने पिता को पिता कहने में तौहीन महसूस कर रहा है। इस घटना से पिता के दिल पर क्या बीती होगी, कितना दुःख हुआ होगा कल्पनातीत है।

किसी ने क्या खूब कहा है :-

कोई रिश्ता टूट जाए दुःख तो होता है
अपने हो जाएँ पराए दुःख तो होता है।
माना हम नहीं हैं सम्मान के काबिल
मगर इस तरह ठुकराएँ, दुःख तो होता है।

अहंकार को पराजित करने वाले का पराक्रम सबसे बड़ा

राजा देवकीर्ति युद्धकला में अत्यन्त निपुण थे। अनेक महारथियों को उन्होंने पराजित किया था। दूसरों को हराने का, नीचा दिखाने का उन्हें गुरूर था। इसी अभिमान में एक दिन वे अपने गुरु से मिलने पहुँचे और दंभपूर्ण स्वर में बोले- "गुरुदेव! मेरा स्वागत करो, आज मैं सब योद्धाओं को हराकर, आपका नाम ऊँचा करके यहाँ लौटा हूँ।"

उनके इस व्यवहार पर उनके गुरु हँसे और बोले- "देवकीर्ति तूने सबको पराजित किया, पर क्या स्वयं को पराजित कर पाया?"

देवकीर्ति को यह सुनकर बड़ा आश्चर्य हुआ। वे बोले- "गुरुदेव! क्या अपने को कोई पराजित कर सकता है?"

गुरुदेव बोले- "बेटा! असली युद्ध तो अपने विरुद्ध ही लड़ा जाता है। जो अपने अहंकार को पराजित कर लेता है, उसका पराक्रम सबसे बड़ा होता है। अपनी दुष्टवृत्तियों को नियंत्रित कर लेना ही साधना है और अपने व्यक्तित्व का परिष्कार कर लेना ही सिद्धि है। यही सत्य हम सब पर लागू होता है।"

आजम खान आए अर्श से फ़र्श पर

एक ज़माना जब उत्तरप्रदेश के रामपुर में आजम खान की तूती बोलती थी। जब कभी समाजवादी पार्टी की सरकार होती तो उसकी असली चाबी आजम खान के हाथों में रहती थी। उस दौर में आजम खान मीडिया की सुर्खियों में होते थे और अब भी है, लेकिन तब उनकी सुर्खियों की वज़ह अलग थी और अब उनके कार्यों और अहंकार के मद के कारण अलग है।

आजम अलीगढ़ मुस्लिम विश्वविद्यालय के छात्र रहते हुए राजनीति में आए। 1977 में उन्होंने राजनीति की दुनिया में पहला कदम रखा। रामपुर विधानसभा से पहला चुनाव लड़ा जिसमें हार मिली, लेकिन इसके बाद लगातार 10 बार यहाँ से विधायक चुने जाते रहे। वर्ष 2019 में आजम ने लोकसभा चुनाव जीता और संसद में पहुँचे। उन्होंने अपनी रामपुर विधानसभा सीट से इस्तीफा देकर उपचुनाव में अपनी पत्नी श्रीमती तज़ीन फात्मा को लड़ाया। वे यहाँ से जीतकर विधानसभा पहुँची। साल 2022 में आजम सीतापुर की जेल में रहते हुए विधानसभा का चुनाव लड़े और एक बार पुनः रामपुर से जीते।

आजम खान सपा के संस्थापक मुलायम सिंह यादव के सबसे घनिष्ठ मित्रों में गिने जाते थे। लम्बे समय तक रामपुर का प्रतिनिधित्व करने वाले अपनी पत्नी को विधानसभा और संसद में और बेटे को विधानसभा में पहुँचा देने की ताकत रखने वाले आजम खान की राजनीतिक हालात बद से बदतर हो गये हैं। आज की तारीख में आजम परिवार का कोई भी सदस्य न संसद में है, न ही विधानसभा में है। रामपुर हाथ से निकल चुका है।

आजम खुद अपने जलसों, सभाओं में अपने भाषणों में तालियाँ बटोरते थे। वे भाषण में बार-बार 'मैं ऐसा हूँ', 'मैं वैसा हूँ', 'मैं इतना शक्तिशाली हूँ' जैसे शब्द बोलते थे जो उसके अहंकार होने का सबूत देते थे।

अहंकार के मद में आजम और उनके परिवार द्वारा कई गैर कानूनी कार्यों को अंजाम दिया, जिसके कारण इनके ऊपर लगभग 100 मुकदमें लम्बित हैं तथा स्वयं एवं परिवारजन जेल में हैं। पद, प्रतिष्ठा पाए हुए व्यक्ति की भी अहंकार के कारण क्या दुर्दशा होती है, आजम इसके उदाहरण हैं।

किसी ने ठीक ही कहा है :-

अहंकार मत करना जनाब, वक्त, वजूद और विरासत कब ख़त्म होगा पता ही नहीं चलेगा।

कभी किसी चीज़ का घमण्ड आ जाए तो श्मशान का एक चक्कर लगा आना,तुमसे बेहतरीन लोग वहाँ राख बने पड़े हैं।

झारखण्ड के मुख्य सचिव रहे आई.ए.एस. सजल चक्रवर्ती का पतन

आई.ए.एस. सजल चक्रवर्ती झारखण्ड के मुख्य सचिव रहे हैं। लालू के चारा घोटाले में दोषी सिद्ध हुए चक्रवर्ती के न जाने कितने आई.ए.एस. / आई.पी.एस. पैर छूते रहे, मगर आज इनकी बेबसी देखकर मन बहुत विचलित हुआ। आजकल इनका वज़न 150 कि.ग्रा. के आस-पास है, ये कई बीमारियों से ग्रसित हैं और ठीक से चल भी नहीं पाते।

रांची कोर्ट की पहली मंजिल पर पेशी थी, एक सीढ़ी घसीट कर उतरे। फिर दूसरी सीढ़ी पहुँचने के लिए खुद को घसीट रहे थे। यह दृश्य जीवन का यथार्थबोध कराने वाला था।

माता-पिता नहीं रहे, भाई सेना में बड़े अफ़सर थे, अब वे भी नहीं रहे। जिसको गोद लिया उसकी शादी हो गई, अब उसे भी इनसे मतलब नहीं है। अपने घर में कुछ बन्दर और कुत्ते पाल रखे हैं, ये शानो-शौकत, पैसे, पद सब बेकार सिद्ध हुए...अब बस मृत्यु ही शायद इनका कष्ट दूर कर सकती है।

जरा सोचिये! कल तक बड़े-बड़े अधिकारी/कर्मचारी जिनकी गाड़ी का दरवाज़ा खोलने के लिए आतुर रहते थे, वही आज दुनिया के सामने ज़मीन पर असहाय पड़ा था। उसने दो शादी की, मगर दोनों बीबियों ने तलाक़ दे दिया। कोर्ट में सबका कोई-न-कोई आया था, लेकिन वे अकेले थे...

इसकी वज़ह बिलकुल स्पष्ट है कि जब वह पद पर रहे, सिर्फ धन अर्थात् रुपये को ही अपना सब कुछ माना। किसी की दिल से मदद नहीं की। अगर की होती तो शायद

आज कोई न कोई उनके लिए जरूर खड़ा रहता...। एक बात तय मानिए, भ्रष्टाचार यानी लूट-खसोट की कमाई सर चढ़कर अपना अहंकार दिखाती है। इसलिये जब हम सामर्थ्यवान हो तो हमें गुरूर छोड़ दूसरे की मदद ज़रूर करनी चाहिए, जिससे कि लोग बाद में आपको भी याद करें, आपके साथ रहें।

इसलिये जीवन को जीवन्त बनाओ। लोगों की मदद करते हुए निरंहकारिता से अपना जीवन जिएँ। पाप की कमाई आखिर किसके लिए ? ज़रा सोचिए तो सही कि पैसा बहुत कुछ तो है, पर सब कुछ नहीं।

शक्ति का सदुपयोग हो

विद्या प्राप्त करना, धन प्राप्त करना, शक्तिशाली बनना कोई कठिन काम नहीं है। यदि कठिन है तो प्राप्त शक्ति का सदुपयोग करना है, क्योंकि इन साधनों को, शक्तियों को पाकर व्यक्ति रावण एवं दुर्योधन भी बन सकता है और युधिष्ठिर एवं राम भी बन सकता है। दोनों में अंतर इतना ही है कि रावण और दुर्योधन ने अपनी शक्ति दूसरों को पीड़ित करने में लगाई और युधिष्ठिर एवं राम ने अपनी शक्ति दूसरों की भलाई में लगाई।

विवेक इसमें है कि व्यक्ति अपनी शक्ति का सदुपयोग करे। शक्ति का दुरूपयोग स्वयं के साथ-साथ सभी के लिए घातक सिद्ध होता है।

*

6.

रूप-सौन्दर्य का अभिमान

रूप-सौन्दर्य का गरूर मत करो, जो अहंकार करता है, वो वक्त की मार से टूटता ज़रूर है। - महादेवी वर्मा

रूप-सौन्दर्य ईश्वर प्रदत्त मानव को एक अमूल्य उपहार है जो प्रमुखता से लड़कियों और महिलाओं के संदर्भ में प्रयुक्त किया जाता है। आदिकाल से ही यह माना जाता है कि पुरुष शारीरिक रूप से सशक्त होना चाहिए और महिला सुंदर और रूपवान। रूपसी होना उसकी विशेषताओं में चार चाँद लगा देता है। ऐसी महिला सभी को अपनी ओर आकर्षित कर लेती है। सुंदरता स्त्री के अंदर आत्मविश्वास भी पैदा करता है। सुंदरता के बारे में एक कहावत है- "खुदा जब हुस्न देता है, नज़ाकत आ ही जाती है।"

रूप-सौन्दर्य गुण है, लेकिन इसका अहंकार होना और यह समस्याओं और कष्टों को आमंत्रित करता है। महाभारत काल में द्रौपदी को अपनी सुंदरता का अभिमान था, जिसके चलते उसने दुर्योधन का अपमान किया। परिणामस्वरूप महाभारत हुआ, जिसने कौरवों-पाण्डवों के वंशों को ही नष्ट कर दिया। सुंदर स्त्री अपने सौन्दर्य के मद में अन्य स्त्रियों को तुच्छ समझती है और हेय दृष्टि से देखती है।

सुंदरता ईश्वरीय वरदान है, किसी को कम मिला तो किसी को ज़्यादा, लेकिन जीवन सभी का मूल्यवान है। सुंदरता के मद में स्त्री दूसरों का अपमान करने में भी नहीं चूकती। इसके परिणाम कई बार बड़े घातक होते हैं, जैसा कि हम समाचार-पत्रों, टी.वी. न्यूज में देखते हैं। जो महिला अपने रूप-सौन्दर्य और यौवन पर घमंड करती है, उसको यह नहीं भूलना चाहिये कि जीवन में कुछ भी स्थाई नहीं है। जिस यौवन रूप सौन्दर्य पर आज इतना अभिमान है वह कुछ सालों का मेहमान ही है। पुराने जमाने की हीरोइनों को देखें उनकी सुंदरता पर लाखों लोग दीवानें थे जैसे मुमताज, आशा पारेख, वहीदा

रहमान, नंदा, शर्मिला टैगोर, हेलन, बिन्दु आदि। आज वे 70-75 के पार हैं, उनको देखकर ऐसा लगता ही नहीं कि लाखों लोग इनके दीवाने रहे होंगे।

प्रकृति का नियम है यहाँ कोई भी चीज़ स्थाई नहीं है, चाहे रूप-सौन्दर्य या यौवन हो। हर चीज़ अपने तय समय पर ढल जाती है। वैसे भी असली सुंदरता चेहरे की खूबसूरती और चमक से नहीं, व्यक्ति के विचारों, सद्व्यवहार, मीठे बोल, विनम्रता ऐसे आभूषण हैं जो आपकी वास्तविक सुंदरता में अभिवृद्धि कर देते हैं।

अपने रूप-सौन्दर्य का अभिमान करने वाली महिलाओं के कुछेक प्रसंग आगे दिए जा रहे हैं जो स्पष्ट करते हैं कि अहंकार किसी का भी नहीं टिकता, एक न एक दिन उसका अन्त हो ही जाता है। ये प्रसंग अभिमानी महिलाओं के अन्तर्मन की गहराइयों तक जाकर उन्हें वास्तविकता सोचने के लिए प्रेरित करेंगे।

अहंकार को गलाकर 'मेरी स्टो' बनी समाजसेविका

अपने समय की प्रख्यात लेखिका नारी स्वातंत्र्य की हिमायती मेरी स्टो अपनी किशोरावस्था में बहुत सुंदर लगती थी। इसकी चर्चा और प्रशंसा भी बहुत होती थी। इस पर लड़की को गर्व होने लगा और इतराकर चलने लगी। बात उनके पिता को मालूम हुई तो उन्होंने बेटी को बुलाकर प्यार से कहा- "बेटी! किशोरावस्था का सौन्दर्य प्रकृति की देन है। इस अनुदान पर उसी की प्रशंसा होनी चाहिए। तुम्हें गर्व करना हो तो साठ वर्ष की उम्र में शीशा देखकर करना कि तुम उस प्रकृति की देन को लम्बे समय तक अक्षुण्ण रखकर अपनी समझदारी का परिचय दे सकीं या नहीं।" इस शिक्षा का ही परिणाम था कि अपने अहंकार को गलाकर मेरी स्टो एक समाजसेविका के रूप में विकसित हो सकीं।

सुंदर, आकर्षक, तरूण युवती की आँखों में आँसुओं की धार

स्वामी विवेकानन्द ने जब से शिकागो शहर में विश्व धर्म सम्मेलन को सम्बोधित किया, तब से उनकी ख्याति सम्पूर्ण विश्व में फैलने लगी। सारी दुनिया में वे 'युवा संत' के रूप में प्रख्यात हो गए, ज़गह-ज़गह उनके भाषण का आयोजन होने लगा। एक बार वे यूरोप की यात्रा पर थे तब उन्होंने वहाँ पर भी अपने प्रखर उद्बोधन से वहाँ की जनता को प्रभावित कर दिया। विवेकानन्द से प्रभावित होकर एक तरुण युवती जो कि दिखने से आकर्षक घुँघराले बाल, रहन-सहन से एक धनाढ्य परिवार से सम्बन्ध रखने वाली स्वामीजी के पास आकर बोली- "मुझे आपसे एकांत में चर्चा करनी है।"

स्वामीजी ने सहज रूप से उसे मिलने का समय दे दिया। तरुण युवती ने युवा संत की एकांत में चर्चा को वहाँ उपस्थित जनता ने संदेह की नज़रों से देखा, मगर स्वामीजी निष्काम भाव से रहे।

निर्धारित समय पर वह युवती स्वामीजी से मिलने पहुँची, थोड़ी ही देर में चर्चा के दौरान उसने स्वामीजी के सामने विवाह का प्रस्ताव रखा।

स्वामीजी ने बगैर आश्चर्य के पूछा- "तुम मुझसे ही विवाह करना क्यों चाहती हो ?"

वह युवती बोली- "मैं अपनी कोख से आप जैसे तेजस्वी पुत्र को जन्म देना चाहती हूँ।"

उस युवती का इतना कहना था कि विवेकानन्द बोल पड़े- "मुझे ही अपना पुत्र मान लो माता।"

युवती ने इतना सुना और उसकी आँखों से आँसुओं की धार बहने लग गई। धन्य है भारत के लाल और धन्य है भारतीय संस्कृति।

अप्सरा रंभा का दंभ

अप्सरा रंभा शुकदेव जी को लुभाने पहुँची। शुकदेव जी सहज विरागी थे। उन्होंने उसकी ओर ध्यान नहीं दिया। रंभा उनका ध्यान अपनी ओर आकर्षित करने लगी। उन्होंने पूछा- "देवी! आप मेरा ध्यान अपनी ओर क्यों आकर्षित करने का प्रयास कर रही हैं?"

रंभा ने कहा- "तुम्हें जीवन का ऐसा रस चखाने हेतु, जो तुमने नहीं चखा।"

शुकदेव जी बोले- "देवी! मैं तो उस सार्थक रस को पा चुका हूँ, जिससे क्षण भर हटने से जीवन निरर्थक होने लगता हे।"

न सेवितो येन क्षणे कुकन्दो वृथा गतं तस्य नरस्य जीवनम्॥

एक क्षण के लिए भी यदि परमात्मा का सेवन न किया जाए तो मनुष्य का जीवन निरर्थक होने लगता है। इसलिए देवी! मैं तो उस रस को छोड़कर जीवन को निरर्थक बनाना नहीं चाहता। कुछ और रस हो भी तो मुझे क्या?"

रंभा ने अपने रूप शरीर की विशेषताएँ बतलानी प्रारंभ कीं। शुकदेव ने सुना और बोले- "देवी! आज हमें यदि भगवत्प्रेरणा से पुनः जन्म लेना पड़ा तो नौ माह आप जैसी ही किसी माता के गर्भ में रहकर इसका सुख लूँगा। अभी तो प्रभुकार्य ही प्रधान है।" सहज विरागी शुक ने नारी शरीर की निंदा नहीं की, केवल अपनी एकनिष्ठ बुद्धि से विधेयात्मक मार्ग चुना।

रूप, सौन्दर्य एवं यौवन का आकर्षण

अनंगसेना द्वार पर खड़ी किसी प्रशंसक के आने की प्रतीक्षा कर रही थी। वह नगरगणिका थी। जैसे-जैसे उसकी उम्र बढ़ती जा रही थी, वैसे-वैसे उसके पास आने वाले व्यक्तियों की संख्या भी कम होती जा रही थी। उसे प्रतीक्षा करते देख उसकी दासी शांता उसके लिए एक दर्पण लेकर के आई। दर्पण में अपना प्रतिबिंब देख अनंगसेना पीछे की ओर हट गई। उसे अनुभव हुआ कि उसका रूप, सौन्दर्य एवं यौवन अपना आकर्षण खो चुके हैं। उसे पहली बार शरीर के आकर्षण की नश्वरता का अनुभव हुआ। इन भावों के साथ उसके मन में एक विरक्ति का भाव उमड़ा और उसका हृदय पश्चात्ताप से भर गया।

उन्हीं भावों के आवेग में उसने देखा कि राजपथ पर भगवान् बुद्ध, भिक्षुओं के साथ आ रहे हैं। अनंगसेना दौड़कर भगवान् बुद्ध के चरणों में गिर पड़ी और उनसे बोली- "तथागत! मुझे इस नारकीय जीवन से मुक्ति दिलाएँ। यहाँ सुख की चाहत में मैंने दुःख ही दुःख पाया है।" तथागत बोले- "पुत्री! यह तृष्णा ही दुःखों का मूल कारण है। अब स्वयं के भीतर स्थिर होने की साधना को करो। उसी में मानवीय जीवन का सार है।'

फ्रांस की प्रख्यात गायिका 'मेरी वुडनाल्ड'

संगीतकार गाल्फर्ड के पास उसकी एक शिष्या अपने मन की व्यथा कहने गई कि वह कुरूप होने के कारण संगीत मंच पर जाते ही यह सोचने लगती है कि दूसरी आकर्षक लड़कियों की तुलना में उसे दर्शक नापसंद करेंगे और हँसी उड़ाएँगे। यह विचार आते ही वह सकपका जाती है और गाने की जो तैयारी घर से करके ले जाती है, वह सब गड़बड़ा जाती है। घर पर वह मधुर गाती है, इतना मधुर, जिसकी हर कोई प्रशंसा करे, पर मंच पर जाते ही न जाने उसे क्या हो जाता है कि हक्का-बक्का होकर वह अपनी सारी प्रतिभा गँवा बैठती है।

गाल्फर्ड ने उसे एक बड़े शीशे के सामने खड़े होकर अपनी छवि देखते हुए गाने की सलाह दी और कहा- "वस्तुतः वह कुरूप नहीं, जैसी की उसकी मान्यता है। फिर स्वर की मधुरता और कुरूपता का कोई विशेष सम्बन्ध नहीं है। जब वह भावविभोर होकर गाती है, तब उसका आकर्षण बहुत बढ़ जाता है और उसमें कुरूपता की बात कोई सोच भी नहीं सकता। वह अपने मन में से हीनता की भावना निकाले। सुंदरता के अभाव को ही न सोचती रहे, वरन् स्वर की मधुरता और भावविभोर होने की मुद्रा से उत्पन्न

आकर्षण पर विचार करे और अपना आत्मविश्वास जगाए।" लड़की ने यही किया और आरंभिक दिनों में जो सदा सकपकाई हुई रहती थी और कुछ आयोजनों में जाने के बाद एक प्रकार से हताश-सी हो गई थी, नया साहस और उत्साह इकट्ठा करने पर उसने बहुत प्रगति की और फ्रांस की प्रख्यात गायिका 'मेरी वुडनाल्ड' के नाम से विख्यात हुई।

वासना पर भक्ति को विजय रूपसी विपुला पराजय

राजा प्रसेनजित की पुत्री विपुला उद्यान भ्रमण हेतु निकली थी। वह इतनी रूपवान थी कि प्रत्येक युवक उसे प्राप्त करने के लिए बेचैन था। अरिहंत नामक संन्यासी राजोद्यान में ठहरे हुए थे। वे भगवती सरस्वती की वंदना में निमग्न थे और राजोद्यान का कण-कण उनके दिव्य संगीत की धुनों से भाव-विभोर हो रहा था। विपुला भी इस संगीत को सुनकर खिंचती चली आई और सुनते-सुनते स्वतः ही उसके पाँव थिरकने लगे। कितने ही घंटे इसी प्रकार व्यतीत हो गए। आकर्षित होकर विपुला ने गले में पड़ी माला उतारकर अरिहंत के गले में डाल दी।

अरिहंत जो अब तक भक्ति रस में डूबकर चेतनाशून्य थे, उन्होंने गले में माला पड़ते ही अपनी आँखें खोलीं। सारे घटनाक्रम का भान होते ही उन्होंने गले में पड़ी माला उतारकर राजकुमारी को वापस कर दी। महाराज व महारानी को पूर्ण घटनाक्रम ज्ञान हुआ तो वे राजोद्यान पहुँचे और वहाँ पहुँचकर अरिहंत से बोले- "सौभाग्य की बात है कि विपुला ने आपका वरण किया है। आप राजकुमारी से विवाह करें और आधे राज्य के भी स्वामी बनें।"

अरिहंत करबद्ध होकर राजा प्रसेनजित से बोले- "राजन्! एक संन्यासी होने के नाते मैं तो पहले ही प्रभु के प्रेम में पड़ चुका हूँ। अब तो यह जीवन उन्हीं की साधना और उन्हीं की तपश्चर्या के लिए समर्पित है।" राजकुमारी ने यह वचन सुनकर निश्चय किया कि भले ही उसका विवाह अरिहंत के साथ न हो, पर वह भक्ति के आदर्शों पर ही जीवन व्यतीत करेगी। वासना पर भक्ति की विजय हुई।

अहंकार एक प्रकार से दूसरों का अपमान है। जब हम अपना बड़प्पन जताते हैं तब परोक्ष रूप से इसका अर्थ यह होता है कि दूसरों का मूल्य और महत्त्व कम करते हैं। याद रखिए व्यक्ति कितना भी गोरा क्यों न हो, परन्तु उसकी परछाई सदैव काली होती है। मैं सुन्दर हूँ यह आत्मविश्वास है, लेकिन सिर्फ मैं ही सुन्दर हूँ, यह अहंकार है।

*

7.
अभिमान नहीं, स्वाभिमान

अभिमान को आने मत दो और स्वाभिमान को जाने मत दो। अभिमान तुम्हें उठने नहीं देगा और स्वाभिमान गिरने नहीं देगा।   - मुंशी प्रेमचन्द

अहंकार एक उद्धत ओछापन है जिससे अपना आत्मिक स्तर गिरता है और जिनसे भी हमारा संपर्क बनता है, उनके मन में क्षोभभरी प्रतिक्रिया होती है। अहंकार एक प्रकार से दूसरों का अपमान है। जब हम अपना बड़प्पन जताते हैं, तब परोक्ष रूप से इसका अर्थ यह होता है कि दूसरों का मूल्य एवं महत्त्व कम करते हैं।

स्वाभिमान बिल्कुल अलग बात है, अहंकार बिल्कुल उल्टी, बिल्कुल दूसरी। कई व्यक्ति अहंकार को ही स्वाभिमान समझते हैं। यह भारी भूल है। आत्मा की शक्ति, सामर्थ्य, पवित्रता एवं उत्कृष्टता पर विश्वास करना और कोई ऐसा काम न करना, जिससे अपनी या किसी अन्य की दृष्टि में यह मूल्य घटता हो, स्वाभिमान है। आंतरिक उत्कृष्टता एवं आदर्शवादिता को किसी भी मूल्य पर घटने न देना, भय और प्रलोभनों की परवाह किए बिना कष्ट सहते हुए भी अपनी उच्चस्तरीय गतिविधियों को अक्षुण्ण रखने में संतोष एवं गौरव अनुभव करना यह स्वाभिमान है। ऐसे स्वाभिमान की रक्षा करनी ही चाहिए।

स्वाभिमान का आसान-सा मतलब है कि खुद के बारे में हम क्या सोचते हैं, कैसा महसूस करते हैं, खुद के बारे में हमारा नज़रिया, कार्यालय में हमारे काम करने से लेकर, हमारे सम्बन्धों, माता-पिता के रूप में हमारी भूमिका, ज़िन्दगी में सब कुछ पाने की चाह आदि पर असर डालता है। हमारी कामयाबी या नाकामयाबी का फैसला करने में स्वाभिमान की एक अहम् भूमिका है। ऊँचा स्वाभिमान हमें खुशहाल, संतुष्ट और उद्देश्यों से भरी ज़िन्दगी देता है। जब तक आप खुद को बहुत उपयोगी नहीं समझेंगे तब तक आप में एक ऊँचा स्वाभिमान नहीं आ सकता। इतिहास पर नज़र डालें तो पाते हैं कि दुनिया

के बड़े नेताओं और शिक्षकों ने यही नतीज़ा निकाला है कि सफलता के लिए अंदरूनी प्रेरणा का होना ज़रूरी है।

अहंकार वह है जिसमें अपनी दौलत, अक्ल, पदवी, धन, बुद्धि, पद या ख्याति को चोट पहुँचते ही अपमान अनुभव होता है और इसे अपनी भारी क्षति समझकर प्रतिशोध के लिए भड़भड़ाहट उठती है। अपनी लौकिक स्थिति को आकाश-पाताल जैसी ऊँची मानना, उसे बढ़ा-चढ़ाकर बताना, जो उसी प्रकार की हाँ-हाँ करे, उससे प्रसन्न होना और जो आलोचना या निंदा करे उससे बिगड़ पड़ना, ये अहंकार के चिह्न हैं। हर किसी के मुँह से प्रशंसा सुनने की लालसा केवल अहंकारी को ही हो सकती है।

विवेकवान मनुष्य में इतना धैर्य होना चाहिए कि वह विरुद्ध विचारों को भी धैर्यपूर्वक सुन सके। अपनी निंदा, हेठी, आलोचना सुनने का जब अवसर आवे, तब विचलित न हो और जो अप्रिय कहा गया है, उसमें से यह छाँट कर सके कि उसमें कितना तथ्य और कितना निरर्थक है। अहंकारी लोग ही ऐसी स्थिति में विचलित होते हैं, साँप की तरह उनसे तनिक प्रतिकूलता सहन नहीं होती है। ज़रा-सी निंदा सुनी कि उनका सर्प अपने विषैले दाँत निकालकर सामने वाले के प्राण लेने को उतारू हो जाता है।

स्वाभिमान अपनी निंदा सुनकर हंस की तरह नीर-क्षीर विवेक करता है। जो तथ्य है उसे ध्यानपूर्वक सुनता, समझता है और देखता है कि मेरी उत्कृष्टता में कहाँ कितनी कमी है, उसे पूरी करने की चेष्टा में तत्परता ही इस निंदा का सच्चा प्रतिशोध है, जो सुनने में बुरी लगी थी। संत कबीर के शब्दों में, “निंदक हमारा सच्चा हितैषी है, जो स्वयं घृणा का पात्र बनकर भी हमें दोषमुक्त बनने की प्रेरणा देता है। ऐसे उपकारी पर क्रुद्ध होना ओछे लोगों से ही बन पड़ता है।” विचारवान ऐसे अवसरों पर तनिक भी विचलित नहीं होता। यदि बात ठीक थी तो नाराज क्यों होना ? यदि बात गलत थी तो उससे अपना बिगड़ने वाला ही क्या है? कुत्ते भौंकते रहते हैं, हाथी बिना विचलित हुए अपने रास्ते पर धैर्य और शांति के साथ चला जाता है। निंदकों की भी विचारशील पर इतनी ही स्वल्प प्रतिक्रिया होती है, जितनी कुत्तों की हाथी पर।

हमें उद्धत नहीं, नम्र और विनयशील होना चाहिए। अपनी शेखी मारने में शरम अनुभव करनी चाहिए। प्रशंसा अपने मुँह नहीं, दूसरों के मुँह शोभा देती है। झूठी प्रशंसा सुनने के लिए लालायित रहना और उसके लिए ‘भाँड़’ पालना केवल ओछे अहंकारियों को ही शोभा देता है। सज्जन नम्र होते हैं। दूसरों की प्रशंसा वे मुक्तकण्ठ से करते हैं, पर अपनी प्रशंसा सुनकर वे ज़मीन में गड़ से जाते हैं और उन अवसरों को टालते हैं, जिनमें

उन्हें बढ़ा-चढ़ा कर बताया जाता हो। नम्रता मनुष्य की सच्ची महानता है। गुणों के द्वारा अपना स्तर ऊँचा उठाने का प्रयत्न करना स्वाभिमान है। पर लोगों के मुँह अपनी झूठी-सच्ची बड़ाई सुनने के लिए अधीर, उतावले रहना एक ओछे व्यक्ति का क्षूद्र अहंकार ही कहा जा सकता है।

आत्मसम्मान का महत्त्व क्यों?

मानव मनोविज्ञान में आत्मसम्मान का महत्त्व इसलिए भी अधिक है कि आत्मसम्मान से भरा मनुष्य निश्चिंत और पूरी शक्ति से कार्य करने वाला होता है, इसलिए वह अपने कार्यों को पूरी कुशलता से पूर्ण करता है और उनका सुखद परिणाम भी प्राप्त करता है। इसके विपरीत आत्महीनता या दीनता से ग्रस्त मनुष्य सदैव दूसरों की कृपा और दया पर निर्भर होता है। अपने कार्यों के बारे में वह न तो ठोस निर्णय ले पाता है और न निश्चिंत होकर उन कार्यों को ही कर पाता है फिर भले ही वह आजीवन परिश्रम करता रहे, उसे कभी भी उचित और इच्छित परिणाम नहीं मिल पाते। वह सदैव कोल्हू के बैल जैसा जीवन जीता है।

आत्महीनता के इन्हीं मनोवैज्ञानिक दुष्प्रभावों को देखते हुए हमारे कवियों ओर मनीषियों ने जनता को सदैव सम्मानपूर्ण जीवन जीने का संदेश दिया है। रहीम ने तो यहाँ तक कह दिया कि असम्मान के साथ यदि कोई आपको अमृत भी पिलाता है, तो उसे कभी स्वीकार मत करो। ऐसे अमृत की बजाय सम्मान सहित विष पी लेना ज़्यादा श्रेयस्कर है, क्योंकि सम्मान के साथ पिया गया विष भी व्यक्ति को अमर बना देता है, जबकि असम्मान के साथ अमृत पी लेने वाला व्यक्ति भले ही शरीर से अमर हो जाए, किन्तु समाज सदैव उसको घृणा की दृष्टि से ही देखता है। घृणा, असम्मान और कायरतापूर्ण लम्बे जीवन से तो साहसी बनकर एक दिन का जीवन ज़्यादा अच्छा है। रहीम का कथन है :-

मान सहित विष खाय के संभु भये जगदीश।
बिना मान अमृत पियो राहु कटायौ शीश॥

सम्मान के साथ विष पी लेने पर भगवान् शंकर जगत् के स्वामी कहलाए, जबकि चोरों की भाँति छिपकर अमृत पी लेने पर राहु को घृणा का पात्र बनना पड़ा, अपना सिर कटाना पड़ा। माना कि वह अमर हो गया, लेकिन आज तक उसकी गणना राक्षस के रूप में ही होती है। लोग उसे घृणा की दृष्टि से ही देखते हैं।

इतिहास गवाह है कि महाराणा प्रताप एवं शिवाजी ने इसी सम्मान के लिए वन में रहना स्वीकार किया, लेकिन अक़बर, औरंगजेब के सामने सिर नहीं झुकाया। महाराज हरिश्चन्द्र ने श्मशान में एक डोम के यहाँ नौकरी की, लेकिन सत्य के सम्मान की रक्षा के विरुद्ध आत्मसमर्पण नहीं किया। झाँसी की रानी लक्ष्मीबाई, सरदार भगतसिंह, राजगुरु, सुखदेव, अशफ़ाक उल्ला खाँ, रामप्रसाद बिस्मिल और जाने कितने आजादी के दीवानों ने हँसते-हँसते मौत को गले से लगा लिया, लेकिन अंग्रेज सरकार के सामने घुटने नहीं टेके, सम्मान को गिरवी नहीं रखा। नेताजी सुभाषचंद्र बोस गुमनामी के अँधेरे में खो गए, लेकिन जब तक सामने रहे, शेर की तरह दहाड़ते रहे। आज भी इन वीर सूपतों को इनके आत्मसम्मान के लिए ही याद किया जाता है। इनका शरीर मिट गया, लेकिन नाम अमर हो गया। इनकी यह अमरता हमारे जीवन को प्रेरणा देने के लिए आज पूरे देश को बलिदान की महक से सुगंधित किए हुए हैं।

स्वामी विवेकानन्द ने दी आत्मसम्मान की सीख

स्वामी विवेकानन्द में आत्मसम्मान की भावना कूट-कूट कर भरी थीं। यह घटना उस समय की है जब आबूरोड स्टेशन पर स्वामीजी को छोड़ने एक बंगाली सज्जन आए थे। वे गाड़ी में बैठकर स्वामीजी से बात कर रहे थे। तभी एक अंग्रेज टिकट परीक्षक ने आकर उक्त सज्जन से उतर जाने को कहा, किन्तु वे सज्जन भी रेल कर्मचारी थे, अतः वे टी.सी. के साथ तर्क करने लगे कि वे कोई नियम विरुद्ध काम नहीं कर रहे हैं। स्वामीजी द्वारा बीच-बचाव करने पर अंग्रेज चिढ़ गया तथा रूखे स्वर में उसने स्वामीजी से कहा- "तुम क्यों बात करता है?"

स्वामीजी अंग्रेजी में गरज उठे- "तुम किसे कहते हो? उच्च श्रेणी के यात्री के साथ कैसे बात करनी चाहिए नहीं जानते हो? आप नहीं कह सकते?"

टिकट परीक्षक ने कहा- "मैं हिन्दी नहीं जानता, मैं केवल उस आदमी...।"

स्वामीजी और सह नहीं सके वे गरज उठे- "तुम तो अपनी भाषा भी नहीं जानते, यह आदमी क्या है? 'सज्जन' नहीं कह सकते? अपना नाम और नम्बर बताओ। मैं ऊपर वाले पदाधिकारी को सूचित करूँगा।" घबराकर टिकट परीक्षक चला गया। उसके चले जाने पर स्वामीजी ने कहा था, "योरपियनों के साथ व्यवहार करते समय हम लोगों को क्या करना चाहिए देखते हो? अपने आत्मसम्मान की रक्षा करनी चाहिए। ऐसा नहीं होने पर वे लोग हम लोगों की अवज्ञा और अपमान करते हैं। इससे दुर्नीति को प्रश्रय मिलता

है। शिक्षा और सभ्यता में हिन्दू संसार की किसी जाति से हीन नहीं है, परन्तु वे अपने को ही हीन मानते हैं। इसी से साधारण विदेशी भी हम लोगों को डंडे, चाँटें मारते हैं और हम लोग उसे सह लेते हैं।"

अटल का स्वाभिमान

राजा मानसिंह तोमर ने कुमारी मृगनयनी की असाधारण वीरता तथा पराक्रम से प्रभावित होकर उससे प्रणय याचना की। वह एक गरीब किसान की कन्या थी। भाई था केवट अटल।

विवाह संस्कार कहाँ हो, यह समस्या थी। राजा मानसिंह का कहना था कि "आप सब ग्वालियर चलें, वहीं संस्कार हो जाएगा।"

किन्तु कन्या के भाई अटल का स्वाभिमान सजग था। वह बोला- "आप सर्वशक्तिमान् हैं महाराज! किन्तु हमारी परम्परा यही है कि पाणिग्रहण संस्कार कन्या के पिता के घर पर ही सम्पन्न होता आया है। आपके सामने हम कुछ भी नहीं। फिर भी जो कुछ फूल-पत्ती बनेगी, उसके साथ हम अपने घर से ही बहन को विदा करेंगे।"

मानसिंह अटल के इस स्वाभिमान से बहुत प्रसन्न हुए और बारात लेकर ग्वालियर से गए। तब दहेज स्वरूप एक गाय देकर अटल ने अपनी बहन को विदा किया। बाद में भी राजा की ओर से कोई पद या सहायता उसने स्वीकार नहीं की। ऐसा था- इस भारत के गरीब कृषक का आत्मसम्मान।

समान वेतन स्वीकार करूँगा या लूँगा ही नहीं

जगदीशचन्द्र बसु की नियुक्ति प्रेसिडेंसी कॉलेज में भौतिकी के प्राध्यापक के रूप में की गई। उन दिनों भारत विदेशी दासता से गुज़र रहा था। इसलिए किसी भी भारतीय प्रोफेसर को अंग्रेज प्रोफेसर की तुलना में दो-तिहाई वेतन दिया जाता था। जगदीशचन्द्र बसु की नियुक्ति चूँकि अस्थायी थी, इसलिए उन्हें अंग्रेज प्रोफेसरों की तुलना में आधा ही वेतन मिलता था। यह भेदभाव देखकर वे क्षुब्ध हो गए, उनके स्वाभिमान को ठेस लगी। उन्होंने कहा कि समान कार्य के लिए समान वेतन देना चाहिए। उनकी बात अंग्रेजों ने नहीं मानी तो उन्होंने कहा- "मैं या तो समान वेतन स्वीकार करूँगा या लूँगा ही नहीं।" और उन्होंने सचमुच तीस साल तक वेतन नहीं लिया।

आर्थिक तंगी के कारण उन्हें घर का सारा सामान तक बेचना पड़ा। काम पर आने के लिए वे पत्नी सहित नाव खेकर हुगली नदी पार करते। पत्नी उन्हें छोड़कर,

नाव खेकर वापस जाती और शाम को उन्हें लेने के लिए लौटकर भी आती। इन सारी कठिनाइयों के बावजूद वे अपने निश्चय पर अडिग रहे। उनके साहस को देखकर अंग्रेजों को हार माननी पड़ी और उन्हें अंग्रेजों के बराबर वेतन देना स्वीकार किया गया। अपने दृढ़ निश्चय एवं स्वाभिमान के दम पर वे भेदभावपूर्ण अंग्रेजी नीति को बदलवाकर ही संतुष्ट हुए।

स्वाभिमान के खातिर ईंट का जवाब पत्थर से

एक बार एक अंग्रेज ने किसी दावत के मौके पर कहा- "हम अंग्रेज वास्तव में ईश्वर के बहुत प्रिय हैं। ईश्वर ने बड़े यत्न एवं स्नेह से हमारा निर्माण किया है, इसलिए हम इतने गोरे हैं।"

पूर्व राष्ट्रपति डॉ. राधाकृष्णन् भी वहाँ उपस्थित थे। यह गर्वोक्ति सुनकर मुस्कुराहट के साथ सभी व्यक्तियों को सम्बोधित करते हुए बोले- "मित्रों! एक बार भगवान् को रोटी पकाने की इच्छा हुई। वे रोटी सेंकने तो बैठे, परन्तु पहली रोटी ज़रा कम सिकी और फलस्वरूप अंग्रेज जाति का जन्म हुआ। दूसरी रोटी वे अधिक देर तक सेंकते रहे और इससे नीग्रो लोगों की पैदाइश हुई। अपनी इन दो भूलों से सतर्क हो, भगवान् ने जो तीसरी रोटी सेंकी, तो बिल्कुल ठीक थी, वह न कम सिकी थी, न ज़्यादा। परिणामस्वरूप हम भारतवासियों का जन्म हुआ। उक्त अंग्रेज ने झेंपकर सिर झुका लिया बाकी लोग हँसने लगे।"

डॉ. राजेन्द्र प्रसाद का स्वाभिमान

एक बार डॉ. राजेन्द्र प्रसाद नौका में बैठकर अपने गाँव जा रहे थे, उनके पास ही एक अंग्रेज अधिकारी बैठा हुआ था, जो सिगरेट पी रहा था। काफी देर तक राजेन्द्र बाबू सिगरेट के धुँए की गंध सहते रहे। थोड़ी देर बाद अंग्रेज अधिकारी से बोले- "ये सिगरेट जो आप पी रहे हैं, क्या आपकी है ?"

अंग्रेज अधिकारी ने घूरते हुए कहा- "मेरी नहीं तो क्या तुम्हारी है ?"

तो फिर धुँआ भी आपका ही है, इसे आप अपने पास संभालकर रखो। इसे क्यों दूसरे पर फेंकते हो ? राजेन्द्र बाबू बोले। राजेन्द्र बाबू का करारा जवाब सुनकर उस अंग्रेज अधिकारी को आखिर सिगरेट फेंकनी पड़ी और साथ ही लज्जित भी होना पड़ा।

स्वाभिमानी सुभाषचन्द्र बोस ने आई.सी.एस. की डिग्री ठुकराई

नेताजी सुभाषचन्द्र बोस की प्रारम्भिक शिक्षा एक यूरोपियन स्कूल में हुई थी। मैट्रिक की परीक्षा उन्होंने कलकत्ता विश्वविद्यालय से उत्तीर्ण की। इसके बाद उन्होंने प्रेसीडेंसी कॉलेज में प्रवेश लिया। वहाँ एक ओटेन नाम का अंग्रेज प्रोफेसर था, जो हमेशा ही भारतीयों के प्रति निन्दाजनक शब्द कहा करता था, स्वाभिमानी सुभाषचन्द्र के लिए यह असहनीय था। उन्होंने कक्षा में ही एक दिन उनके चाँटा जड़ दिया। उस दिन से ही उसने भारतीयों की निन्दा करनी तो बन्द कर दी, परन्तु सुभाषचन्द्र बोस को कॉलेज से निकाल दिया गया। इसके पश्चात् वे स्कॉटिश चर्च कॉलेज में प्रविष्ट हुए और कलकत्ता विश्वविद्यालय से बी.ए. ऑनर्स की उपाधि प्राप्त की। सन् 1919 में वे भारतीय सिविल सर्विस परीक्षा पास करने के लिए इंग्लैण्ड गए। छः माह के कठोर परिश्रम से उस परीक्षा में चौथा स्थान प्राप्त कर पास हो गए। आई.सी.एस. (वर्तमान में आई.ए.एस.) की परीक्षा पास करके वे भारत लौट आए, परन्तु स्वाभिमानी सुभाषचन्द्र ने अंग्रेजों की नौकरशाही की मशीन के पुर्जे बनने से स्पष्ट मना करते हुए अपनी आई.सी.एस. की डिग्री ठुकरा दी। किसी ने क्या खूब कहा है :-

"अपनी झोपड़ी में राज करना दूसरों के महल में स्वाभिमान खोकर गुलामी करने से बेहतर है।"

बंकिमचन्द्र चट्टोपाध्याय का आत्मसम्मान

बंगला के महान् उपन्यासकार बंकिमचन्द्र चट्टोपाध्याय कलकत्ता विश्वविद्यालय के प्रथम दो स्नातकों में से एक थे। अतः परीक्षा के कुछ समय बाद ही वह डिप्टी मजिस्ट्रेट नियुक्त कर दिए गए। उनके पिता तथा दो बड़े भाई भी डिप्टी मजिस्ट्रेट थे। उन दिनों किसी भी भारतीय को इससे बड़े पद पर नियुक्ति संभव नहीं थी। भारतीय अधिकारियों की उपेक्षा होती थी। अंग्रेज अधिकारी अपने से वरिष्ठ भारतीय अधिकारियों का अनादर करते, बहुधा उनको अपमानित करते तथा भारतीय उनके विरुद्ध कुछ कह नहीं पाते थे। एक मजिस्ट्रेट के रूप में बंकिम बाबू अपनी निष्पक्षता, निडरता, विद्वत्ता तथा कार्यकुशलता के लिए प्रसिद्ध थे। उनको आत्मसम्मान अत्यधिक प्रिय था।

सन् 1873 में वह बहरमपुर में डिप्टी मजिस्ट्रेट थे। एक दिन वह कार्यालय से घर पालकी में जा रहे थे। पालकी का दरवाजा बंद था। एक भारतीय का यूरोपीय बैरकों

के निकट होकर निकलना छावनी के कमांडिंग ऑफिसर कर्नल डफिन को असहनीय लगा। क्रोधित होकर उसने पालकी के बन्द दरवाजे को ज़ोर से खटखटाया।

बंकिम बाबू ने पालकी से कूदकर उस कर्नल को ललकारा। कर्नल ने उत्तेजित होकर बंकिम बाबू का हाथ पकड़ कर उनको पीछे धकेल दिया। बंकिम बाबू के लिए यह अपमान असहनीय था। उन दिनों भारतीय अंग्रेज सैनिक अधिकारियों के विरुद्ध किसी भी प्रकार की कार्यवाही करने से डरते थे, किन्तु बंकिम बाबू ने उस कर्नल के विरुद्ध न्यायालय में मुकदमा दायर कर दिया। एक भारतीय डिप्टी मजिस्ट्रेट द्वारा एक अंग्रेज कर्नल के विरुद्ध प्रस्तुत किया जाने वाला यह एक अनूठा मुकदमा था। नगर में सनसनी फैल गई। मुकदमा दायर करने के बाद जनमत कर्नल डफिन के विरुद्ध हो गया। अभिभाषकों ने उसकी पैरवी करने से इंकार कर दिया। उसकी स्थिति इतनी दयनीय हो गई कि उसको खुले न्यायालय में बंकिम बाबू से माफी माँगनी पड़ी।

किसी ने सटीक कहा है :-

पैर से कांटा निकल जाए तो,
चलने में मजा आ जाता है
और मन में से अहंकार निकल जाए तो
जीवन जीने में मजा आ जाता है
चलने वाले पैरों में कितना फर्क है
एक आगे है तो एक पीछे
पर ना तो आगे वाले को अभिमान है
और न पीछे वाले को अपमान।
क्योंकि उन्हें पता होता है कि
पलभर में ये बदलने वाला है।

हम स्वाभिमानी बनें, अहंकारी नहीं। मनुष्य का गौरव मनुष्यता में है। सज्जन व्यक्ति नम्र, विनयशील, सीधे, सरल, सहिष्णु और उदार होते हैं। यह आत्मिक गुणों का अमृत ही उन्हें इतनी तृप्ति देता रहता है कि फिर बाहरी प्रशंसा की शराब उन्हें सर्वथा निरर्थक प्रतीत होती है।

*

8.

अहंकार का मुखौटा छोड़ जिएँ वास्तविक ज़िन्दगी

अच्छा ही है मिली नहीं, जो मनुज की काया,
वरना मुझमें भी होता अपना और पराया।
मैं भी भूल गया होता, ये रिश्तों का अपनापन,
दीवारों में बँट चुका होता जंगल का आँगन।
छल-प्रपंच का कोई मुखौटा अब तक नहीं लगाया,
जैसा भी है रंग रूप, ये वैसी ही प्रतिछाया।

- एक बन्दर के उद्गार

आज आदमी अपने को दूसरों से बड़ा साबित करने में लगा हुआ है, दूसरों पर अपनी छाप छोड़ना और ऐसा दिखावा करना चाहता है ताकि दूसरों पर अपना रौब जमा सके। अहंकार के वश में आदमी दूसरों को घटिया मानता है और अपना बड़प्पन-महानता को सिद्ध करने पर उतारू रहता है। इसके लिए हर तरीके अपनाता है। कदम-कदम पर तरह-तरह के नाटक-नौटंकियाँ करता है। चकाचौंध पैदा करने के लिए स्वांग और पाखण्ड खड़े करता है। यह मायाजाल ऐसा है कि इससे निकलना तो दूर इसको समझ पाना तक कठिन हो जाता है। पता ही नहीं चलता कि कब इसने पूरे व्यक्तित्व को ढंक लिया। इसी में उलझे साधु-महात्मा लोग तक अपनी महानता साधना और सिद्धी का ढिण्ढोरा पीटते रहते हैं और भोले-भावुक पुरुष और स्त्रियों को अपने मायाजाल में फँसाकर अपना उल्लू सीधा करते रहते हैं।

कोई अपना पद बड़ा होने से स्वयं को बड़ा समझ बैठा है। कोई अपनी उम्र लम्बी हो जाने से खुद को बड़ा समझ रहा है। कोई ज़्यादा पुस्तकें लिख देने से तो कोई ज़्यादा

पढ़ लेने से बड़ा बन जाना चाहता है। अघोषित रूप से खुद को बड़ा साबित करने का कोई छोटा-सा मौका भी नहीं छोड़ना चाहता।

लोग अक्सर यह भूल जाते हैं कि बड़ा होने के लिए बड़प्पन का होना ज़रूरी है, परन्तु लोग येन-केन प्रकारेण अपना कद, हैसियत बढ़ा-चढ़ाकर ही अपने आपको बड़ा साबित करने में लगे हुए हैं। यह एक खोखली कोशिश है बिना बड़प्पन के बड़े होने का कोई अर्थ नहीं है। जिसमें बड़प्पन होता है वह सरल और सहज होता है और वास्तविक सम्मान का हकदार भी वही होता है।

बड़ा कौन ?

स्वामी रामकृष्ण परमहंस के दो शिष्यों में इस बात को लेकर विवाद छिड़ गया कि उन दोनों में बड़ा कौन है? दोनों ही अपने आपको दूसरे से बड़ा कहने और मानने लगे। काफी समय तक यह विवाद चलता रहा। विवाद की इस अप्रिय स्थिति को हल करने के लिए अन्य शिष्यों ने उन्हें सलाह दी कि क्यों न वे गुरुदेव के समक्ष उपस्थित होकर इसका निराकरण उनसे करा लें। दूसरे ही दिन प्रातःकालीन प्रार्थना की समाप्ति पर ये दोनों खड़े हो गए और गुरुदेव से पूछा- हम दोनों में बड़ा कौन है? परमहंस को शिष्यों की इस नादानी पर हँसी आ गयी। वे सहज भाव से बोले- इस साधारण बात पर आपस में झगड़ने और बहस करने की बात क्या है? तुम्हारे प्रश्न का उत्तर बहुत ही सरल है, जो दूसरे को बड़ा समझता है, वही बड़ा कहलाने का हकदार होता है।

इस समस्या का समाधान मिलते ही दोनों शिष्य एक-दूसरे को बड़ा कहते हुए गले मिल गए। खुद को बड़ा न मानकर दूसरे को बड़ा कहने वाले ही समाज में सम्मान का पात्र होता है और यह इंसानियत भी है।

कवि रहीम का कथन कितना सटीक है :-

बड़ा बड़ाई न करे, बड़ा न बोले बोल।
रहिमन हीरा कब कहे, लाख टका मेरा मोल।।

मुखौटा क्यों?

मुखौटे सदियों से मानव इतिहास और संस्कृति के हिस्से हैं। दुनिया भर में धार्मिक अनुष्ठानों, समारोहों में इनका प्रयोग होता रहा है। प्राचीनतम मुखौटा नौ हज़ार साल पुराना है। यह पेरिस के बाइबल और होली लैण्ड म्यूजियम में प्रदर्शित है। इसे पहनने वाले की अलग-अलग भूमिका व पहचान रही है। आज भी रंगमंच कार्निवाल व नृत्यों में

इसका प्रयोग होता है, लेकिन आज हर आदमी मुखौटा लगाए हुए हैं। उसे पहचानना, उसके बारे में कुछ कहना टेढ़ी खीर है। आदम युग में आदमी अनपढ़ और असभ्य था, लेकिन उसे समझना आसान था। उसका चरित्र, व्यवहार, सीधा-सादा और सरल था, लेकिन आज आदमी पूरी तरह बदल गया है।

आज आदमी पल-पल पर अपनी बात बदल देता है। अभी कुछ कहता है और अगले पल और कुछ कहने लगता है। 'हाथी के दाँत दिखाने के और खाने के और' वाली कहावत तो हम अच्छी तरह जानते हैं, लेकिन यहाँ तो कई तरह के दाँत नज़र आते हैं। किसके सामने और किस तरह के दाँत दिखाना है, यह आज का व्यक्ति अच्छी तरह समझ चुका है। तरह-तरह के मुखौटे लगाने वाले इस व्यक्ति को समझना बड़ा कठिन कार्य हो गया है। व्यक्ति की ऐसी स्थिति देखकर प्रसिद्ध शायर निदा फ़ाज़ली को कहना पड़ा:-

हर आदमी में होते हैं दस, बीस आदमी, जिसको भी देखे कई बार देखना।

मुखौटा या सज-धज और ठाठ-बाट की प्रक्रिया अपने आपमें एक सामाजिक संक्रामक व्याधि है। इससे तीन प्रकार के लोग आसानी से शिकार हो जाते हैं- पहले वे हैं जो योग्य न होकर योग्यता का प्रदर्शन अपनी बाह्य सजावट से करना चाहते हैं। दूसरे प्रकार के वे हैं जो अपनी असली स्थिति से अधिक सामाजिक सम्मान के आकांक्षी हैं। वे समझते हैं कि हमारी प्रतिष्ठा सभी ज़गह तभी होगी जब दिखावे आकर्षक हों। तीसरी श्रेणी के वे लोग हैं जो अपने बाह्य आडम्बर से अड़ोस-पड़ोस को प्रभावित कर स्वयं को ईर्ष्या का विषय बनाना चाहते हैं, लेकिन जब हम ध्यानपूर्वक सोचते हैं तो पाते हैं कि ये तीनों प्रकार के व्यक्ति अपना ही अहित करते हैं। हाँ, यह सही है कि इसका दुष्प्रभाव इस श्रेणी के और लोगों पर भी पड़ता है।

आजकल लोगों द्वारा कदम-कदम पर रंग या मुखौटे बदलने में संदर्भ में एक व्यंग्यकार ने क्या खूब कहा है-

एक गिरगिट (Chameleon) ने सुसाइड नोट में लिखा- "मैं आजकल रंग बदलने में लोगों का मुकाबल नहीं कर पा रहा हूँ। रंगों में इतने रंग कहाँ, जितने रंग बदलते हैं आज के इंसान।"

हँसी मुस्कान का मुखौटा

आज का इंसान बस दिखावे के लिए हँसता, मुस्कुराता है अन्यथा हँसी, मुस्कान से तो वह रिश्ता कब का तोड़ चुका है। उसके होठों पर हँसी मुस्कान नज़र आ जाएगी,

मगर हृदय में नहीं। अगर आदमी अकेला है, तो उसे अपने हँसने की कोई वज़ह नज़र नहीं आती। मगर भीड़ के सामने हँसने की कला उसने खूब सीख ली। इंसान भले ही भीतर से त्रस्त हो मगर वह दूसरे के सामने मुस्कुराकर दिखाना चाहता है कि 'मैं प्रसन्न हूँ' इसे कहते हैं हँसी मुस्कान का मुखौटा।

यह जीवन जीना नहीं हुआ, हाँ काटना ज़रूर है। हँसी के मुखौटे से आप दुनिया को तो बेवकूफ बनाते ही हो मगर स्वयं के साथ भी यह छलावा से ज़्यादा कुछ नहीं है। याद रखिए आप जितना सरल व सहज जीवन जीएँगे बदले में आपको उतनी ही प्रसन्नता प्राप्त होगी।

किसी शायर ने क्या खूब कहा है :-

मुखौटे बचपन में देखे थे मेले में टँगे हुए।
बड़े हुए तो देखा लोगों के चेहरों पे चढ़े हुए॥

धर्म का मुखौटा

आजकल धर्म और पूजापाठ, कथा और कर्मकाण्ड के प्रति बढ़ता रूझान, मन्दिरों में दर्शनार्थियों की बढ़ती भीड़, धार्मिक प्रवचन सुनने उमड़ती जनता, प्रसाद के नाम पर मन्दिरों में होने वाले विशाल भण्डारे, क्या ये सब हृदय में उपजी किसी श्रद्धा का भक्ति भावना का, प्रकटीकरण है? वास्तविकता तो यह है कि इसमें श्रद्धा या भक्ति भावना का अंश तो लेशमात्र, डर, दिखावा और अपने आपको धार्मिक पवित्र साबित करने का मुखौटा ज़्यादा है। किसी ने क्या खूब कहा है :-

पहन मुखौटा धर्म का करते दिन भर पाप।
भण्डारा करते फिरे बैठा घर में भूखा बाप॥

लोकेषणा (नामवरी) का मुखौटा

थोड़ा-सा दान देकर अपने नाम का पत्थर लगवाने की या नामवरी छपवाने की प्रवृत्ति निम्नकोटि की है। इसमें दान या सेवा का नहीं प्रशंसा प्राप्त करने का अहंकार ही प्रधान है। अहंता को पाप माना गया है, पाप ही नहीं उसे पाप का मूल भी कहा गया है। 'पाप मूल अभिमान' की उक्ति प्रसिद्ध है। यह पाप जहाँ भी रहेगा वहाँ सेवा क्या बन पड़ेगी? सत्कर्म कहाँ संभव होगा? नाम के भूखे पागल लोग, जहाँ नाम नहीं मिलता है वहाँ से खिसकने लगते हैं और वहाँ जोड़-तोड़ भिड़ाते हैं। जहाँ किसी भी प्रकार उन्हें नामवरी प्राप्त हो।

एक संस्था छोड़कर दूसरी में, दूसरी को छोड़कर तीसरी में घुसते फिरने वाले लोग आमतौर से इसी मर्ज़ के मरीज होते हैं। सैद्धांतिक मतभेद के कारण तो कोई विरले ही इस प्रकार का परिवर्तन करते हैं। हमारा सार्वजनिक जीवन इस लोकेषणा की दुष्प्रवृत्ति के कारण कितना गंदा और मलिन होता चला जा रहा है, यह देखकर भारी दुःख होता है।

मुखौटा - ज़िन्दगी की हक़ीक़त

एक फोटोग्राफर ने नई-नई दुकान खोली और उसने दुकान के बाहर बोर्ड लगाया :-

1. 25 रूपये में जैसे आप हैं वैसा फोटो खिंचवाएँ।
2. 35 रूपये में आप जैसा सोचते हैं वैसा फोटो खिंचवाएँ।
3. 50 रूपये में जैसा चेहरा लोगों को दिखाना चाहते हैं वैसा फोटो खिंचवाएँ।

उस फोटोग्राफर ने बाद में अपने संस्मरण में लिखा है कि :-

"मैंने जीवनभर फोटो खींचे, लेकिन किसी ने भी 25 रूपये वाला फोटो नहीं खिंचवाया। सभी ने 50 रूपये वाले ही फोटो खिंचवाए। कुछ ये ही हक़ीक़त है ज़िन्दगी की।"

किसी शायर का कहना है :-

विश्वास नहीं किसी पर दिल का यह कहना है।
हर चीज़ यहाँ बेमानी, हर चेहरा झूठा है।।

पोशाक का दिखावा

एक बार जॉर्ज बर्नार्ड शॉ को एक महिला ने रात्रि भोजन पर निमंत्रित किया। काफी व्यस्त होने के बाजवूद उन्होंने स्वीकार कर लिया। जिस दिन का निमंत्रण था, उस दिन शॉ हक़ीक़त में बहुत व्यस्त थे। काम पूरा कर वे जल्दी से उस महिला के घर पहुँचे। उन्हें देखते ही उस महिला की आँखें खुशी से चमक उठी, किन्तु अगले ही क्षण उसके चेहरे पर निराशा के भाव उभर आए।

हुआ यह कि शॉ अत्यन्त मामूली कपड़े पहने हुए थे। कारण पता चलने पर शॉ ने कहा कि देर हो जाने के कारण उन्हें कपड़े बदलने का समय नहीं मिल सका, किन्तु वह फिर भी न मानी। उसने कहा- "आप कार में बैठकर जाइए और अच्छी पोषाक पहनकर आइये।"

"ठीक है, मैं अभी आया" - यह कहकर शॉ घर चले गए। जब लौटकर आए तो उन्होंने बहुत कीमती कपड़े पहने हुए थे।

थोड़ी देर बाद अचानक सबने देखा कि जॉर्ज शॉ आइस्क्रीम तथा अन्य खाने की चीज़ों को कपड़ों पर पोत रहे हैं, साथ ही बोल रहे हैं- "खाओ, मेरे कपड़ों, खाओ। निमंत्रण तुम्हीं को मिला है, तुम ही खाओ।"

"यह आप क्या कर रहे हैं?" - सब बोल पड़े।

शॉ ने कहा- "मैं वही कर रहा हूँ दोस्तो, जो मुझे करना चाहिए। यहाँ निमंत्रण मुझे नहीं मेरे कपड़ों को मिला है। इसलिये आज का खाना मेरे कपड़े ही खायेंगे।" उनके यह कहते ही पार्टी में सन्नाटा छा गया। निमंत्रण देने वाली महिला की शर्मिन्दगी की सीमा न रही। वह समझ चुकी थी कि व्यक्ति का मूल्यांकन उसकी प्रतिभा, सादगी और इंसानियत से होता है, कपड़ों से नहीं।

प्रणाम का मुखौटा

आज के परिवेश में हम जिस तरह के प्रणाम की परम्परा देखते हैं, उसमें श्रद्धाभाव कम और दिखावा अधिक होता है। प्रणाम करने वाला जिस प्रकार प्रणाम करता है, वह नाटकीय लगता है, जबकि प्रणाम तो सीधे हृदय से निकलने वाली कामना है। किसी व्यक्ति की आँखों को देखकर ही बताया जा सकता है कि वह गहराई से प्रणाम कर रहा है या नाटकीय ढ़ंग से। अंतर्मन की सच्चाई से किए गए प्रणाम का ही अच्छा प्रतिफल मिलता है। जिन्हें बड़ों का सच्चा आशीर्वाद चाहिए, उन्हें अपने सम्मानितजनों को श्रद्धापूर्वक प्रणाम करना चाहिए।

भिखारी की सोशल और प्रोफेशनल लाईफ

एक भिखारी सड़क के किनारे भीख माँग रहा था। वहाँ से गुजरते एक सज्जन ने कहा क्यों भाई! कल तो मैंने देखा था कि तुम सामने वाले नुक्कड़ पर लॉटरी के टिकट खरीद रहे थे और आज अंधे होने का नाटक कर भीख माँग रहे हो? भिखारी ने कहा- साहब! वो मेरी सोशल लाइफ थी और यह मेरी प्रोफेशनल लाइफ है। मुनि तरुणसागर जी का कहना है कि जब तक दो तरह की ज़िन्दगी रहेगी तक तक आप सुखी नहीं हो सकते। दो चेहरे की ज़िन्दगी ही विसंगतियों का कारण है।

किसी ने ठीक ही कहा है :-

इस दुनिया में जो जितना बड़ा अहंकारी है,
यह समझ लो वह उतना ही बड़ा भिखारी है।

झूठ का लबादा - दिखावे की चादर

आज अधिकतर लोगों के पास एक से एक अच्छे विचार हैं, किन्तु गिनती के लोग ही उन्हें कार्यरूप में परिणत कर पाते हैं। आज का व्यक्ति बड़ी सरलता से बगैर संकोच के सिद्धान्तों की बड़ी-बड़ी बात कर लेता है पर जब कुछ करने का मौका मिलता है तो वह केवल स्वार्थ की रेलगाड़ी में सफ़र करता दिखाई देता है। ऐसे व्यक्तियों के बारे में संत दादूदयाल बहुत पहले कह चुके हैं :-

दादू कथनी और कछु, करनी करै कछु और
जिनसे मेरा जिया जरे जिनके ठीक न ठौर॥

यही नहीं, आज आदमी झूठ का लबादा और दिखावे की चादर ओढ़कर स्वयं को सर्वोत्तम और सही साबित करने के लिए प्रयत्नशील रहता है। वह इस बनावटीपन को एक नाम देता है 'रिश्ता'। कभी वह सच्चा हमदर्द बन जाता है तो कभी सच्चा दोस्त, कभी बेहद समझदार पति, पिता, शिक्षक या अन्य कोई। ऐसा करके वह अपनी अहमियत, असलियत और शख्सियत सब कुछ खो देता है और अंत में वही बनावटीपन, वह मुखौटा, दुःख, परेशानी और चिन्ता का कारण बन जाता है, जबकि सरलता, सहजता, सज्जनता और सादगी कितने सामान्य गुण हैं जो जीवन को सुखमय बनाने और भरपूर जीने में महत्त्वपूर्ण योगदान करते हैं।

सच के रूप में प्रतिष्ठित - झूठ

एक बार सच और झूठ नदी में स्नान करने पहुँचे। दोनों ने अपने-अपने कपड़े उतार कर नदी के तट पर रख दिए और झटपट नदी में कूद पड़े। सबसे पहले झूठ नहाकर नदी से बाहर आया और सच के कपड़े पहन कर चला गया। सच अभी भी नहा रहा था। वह स्नान कर बाहर निकला तो उसके कपड़े गायब थे। वहाँ तो झूठ के कपड़े पड़े थे। भला सच उसके कपड़े कैसे पहनता?

कहते हैं तब से सच नंगा है और झूठ सच के कपड़े पहनकर सच के रूप में प्रतिष्ठित है।

किसी ने ठीक ही कहा है :-

हर कोई मिलता है यहाँ पहन के सच का नकाब,
कैसे पहचाने कोई कौन है अच्छा और कौन खराब।

दोहरे मापदण्ड से जी रहे लोग

आजकल व्यापार में दोहरे बहीखाते रखना तो आम बात हो गई है। इसे लोग होशियारी समझते हैं, बेईमानी नहीं। यह बात व्यवसाय या कारोबार तक ही सीमित रहती तो कोई हर्ज़ नहीं था, लेकिन आज दोहरे मापदण्ड मनुष्य जीवन में भी प्रवेश कर गए है। इस वज़ह से जीवन इतना उलझ गया है, लोग सीधे सरल नहीं रहे। हम सब डबल स्टेण्डर्ड में जीते हैं। यानी की दोहरे मापदण्ड में। दूसरों के लिए दूसरा होता है और अपने लिए दूसरा मापदण्ड होता है।

दोहरे मापदण्ड में जी रहे लोगों के संदर्भ में ये पंक्तियाँ कितनी सटीक है :-

मन मैला तन उजरा बगुला कपटी अंग।
तासों तो कौवा भलो, तन मन एक ही रंग॥

आज का मानव आधुनिकता की चकाचौंध से अंधा हुआ बनावटी जीवन जी रहा है और भ्रम पाल रखा है कि वह अच्छा जीवन जी रहा है। इस प्रकार वह न केवल दुनिया को अपितु अपने आपको भी धोखा दे रहा है जो है उससे अलग दिखने की चेष्टा में वह अपनी पहचान खोता जा रहा है।

किसी ने ठीक ही कहा है- "बनावट, सजावट और दिखावट इन्हीं कारणों से आई है मूल्यों में गिरावट।"

सेवाकार्य का ढिंढोरा

सेवा करके किसी व्यक्ति को क्यों लगता है कि वह महान् कार्य कर रहा है और वह उस महानता का प्रदर्शन क्यों करता है? क्यों चुपचाप सेवा करके निकल नहीं जाता है? क्यों वहाँ खड़े होकर अपने सेवाकार्य का ढिंढोरा पीटता है? सभी जानना चाहते थे कि आखिर ऐसा क्यों है ?

दरअसल सेवाकार्य में तप, त्याग के अभिमान के कारण ही हमें लगता है कि हम किसी की सेवा करके उस पर एहसान कर रहे हैं और इसीलिए जितनी सेवा करते हैं, उससे कहीं ज़्यादा अहंकार करते हैं। वह अहंकार हमें प्रदर्शन करने के लिए विवश करता है कि हम कितना बड़ा कार्य कर रहे हैं और हम दूसरों से कितने श्रेष्ठ हैं, जबकि सेवा साधना तो अपने को समाज का अंग मानकर उसके लिए अपने उत्तरदायित्वों को पूरा करना भर है। यह कोई अतिरिक्त अनुदान नहीं है, जो हम समाज को देते हैं, परन्तु हमारी भावना तो यह रहती है कि मानो हम किसी पर अहसान कर रहे हैं। हम सेवा के

लिए समय, साधनों आदि का विनियोग करते हैं। उन्हें इस दिशा में लगाने की क्षमता का विकास भी करते हैं, किन्तु अपनी निश्छल भावना का उपयुक्त विकास करना भूल जाते हैं।"

न जिएँ दोहरी ज़िन्दगी

जीवन में कभी दोहरी ज़िन्दगी न जिएँ, बाहर कुछ और भीतर कुछ आरोपित मुखौटे उतारें। बाहर मुस्कान और अन्दर कुटिलता के भेद को समाप्त करें। तभी आप सुख शान्ति से भरपूर जीवन जी पाएँगे।

किसी शायर का यह कथन कितना सच है :-

इस फरेबी दुनिया में मुझे दुनियादारी नहीं आती,
झूठ को सच करने की कलाकारी नहीं आती।

जिसमें सिर्फ मेरा हित हो वो समझदारी नहीं आती।
इसलिए पीछे हूँ, मुझे दोहरी ज़िन्दगी जीना नहीं आती।।

कार्लाइस ने तो पुकार-पुकार कर कहा है- उतार दो नकली मुखौटे और देखो तुम्हारे असली अंग-प्रत्यंग कैसे हैं ? बहुत कर चुके स्वांग। अब बताओ कि तुम क्या हो। अपने विचारों को अपनाओ। अपने आपमें स्थिर रहने का साहस करो। कुछ कर दिखाओ।

*

9.

अहंकार के अंधकूप से बाहर आ, देखें दुनिया का उजाला

जो उड़ते हैं अहम् के आसमानों में,
ज़मी पर आने में वक्त नहीं लगता।
हर तरह का वक्त आता है ज़िन्दगी में
वक्त के गुज़रने में वक्त नहीं लगता।

- इक़बाल

वर्षों से एक मेंढक एक कुंए में रहा करता था। उसके पूर्वज भी कभी उस कुंए में रहे थे। इस तरह अपने पूर्वजों से विरासत के रूप में उस कुँए में यह मेंढक भी रह रहा था। कुँए में उसका आहार, विहार, पेट, प्रजनन आदि सारी क्रियाएँ चलतीं। कुँए के इस संसार में रहते हुए मेंढक अब बड़ा हो चला था। इधर कुछ दिनों से मूसलाधार बारिश हो रही थी। ताल-तलैया, नदियाँ सबमें जल भर आया था। दैवयोग से उसी समय कहीं सुदूर देश से उड़ता हुआ एक हंस आया और उसी कुँए की मेड़ पर आकर बैठ गया। सहसा उसकी नज़र कुँए में जलक्रीड़ा कर रहे मेंढक पर पड़ी। दोनों की नज़रें मिलीं और उनमें परिचय हुआ।

हंस ने तो अब से पूर्व भी कई बार मेंढक देखे थे, पर मेंढक अपने जीवन में पहली बार किसी हंस को देख रहा था। इसलिए हंस को देखकर उसके मन में भी कुतूहल हुआ। हंस शिष्ट और शालीन था। उसने मेंढक का अभिवादन किया और दोनों में संवाद शुरू हुआ। हंस ने पूछा- "मेंढक मित्र! तुम इस कुँए में कब से रह रहे हो?" मेंढक ने भी गर्वोन्मत होकर कहा- "हमारे पूर्वज इसी कुँए में रहते थे, मेरा जन्म भी यहीं हुआ और तब से मैं भी यहीं रह रहा हूँ।"

हंस ने फिर प्रश्न किया- "क्या कभी तुमने इस कुँए से बाहर की दुनिया को देखा है?"

मेंढक बोला- "कौन-सी दुनिया? मेरे लिए तो बस, यही दुनिया है।" इस कुँए के अलावा भी कोई दुनिया हो सकती है, यह सुनकर मेंढक को आश्चर्य हुआ। मेंढक ने हंस से कहा- "तुम्हें अवश्य ही कोई भ्रम हुआ है, इसलिए तुम कुँए के अलावा किसी दूसरी दुनिया की बातें कर रहे हो।"

हंस बोला- "नहीं मित्र! तुमने वास्तव में इस जीवन का आनंद नहीं लिया, क्योंकि तुमने अभी असली संसार को देखा ही नहीं है।" मेंढक को यह बात अच्छी नहीं लगी। वह बोला- "तुम किस आनंद की बात कर रहे हो? मुझे तो इस कुँए में ही सारा आनंद मिलता है। मेरे इस कुँए में, आशियाने में सुख-सुविधाओं की कौन-सी कमी है? नाना प्रकार के कीड़ों को खाने का जो सुख यहाँ है, वह अन्यत्र कहाँ है? मेरे बाल-बच्चे, मेरी पत्नी सभी तो यहाँ सुखपूर्वक रह रहे हैं, फिर तुम किस दुनिया की बात कर रहे हो?"

यह पता लगाने के लिए कि जिस संसार की बात हंस कर रहा है, वह कितना बड़ा है, मेंढक ने एक छलाँग लगाई और हंस से पूछा- "क्या तुम्हारी दुनिया मेरी छलाँग से बड़ी है?" हंस ने उत्तर दिया- "हाँ! इससे भी बड़ी है।" तब मेंढक ने फिर से एक और ऊँची छलाँग लगाई। हंस फिर बोला- "हाँ! इससे भी बड़ी है दुनिया।" मेंढक से अब रहा नहीं गया और उसने अपनी पूरी ताकत से अपनी सबसे ऊँची छलाँग भी लगा दी। इस बार वह आश्वस्त था कि इतनी बड़ी दुनिया तो अब से पूर्व हंस ने देखी ही कहाँ होगी।

अपने अनुकूल उत्तर सुनने की चाह में मेंढक ने हंस की ओर देखा, परन्तु यह क्या? हंस ने इस बार भी वही उत्तर दिया और फिर मेंढक को प्रेम से समझाया- "मित्र! जिस दुनिया को तुम आनंद का कारण समझ रहे हो, वह वास्तव में तुम्हारा भ्रम मात्र है। जिसे तुम आनंद समझ रहे हो, यह तुम्हारी नादानी मात्र है। यदि तुम्हें सचमुच असली आनंद की अनुभूति करनी है तो इस छोटे कुँए से बाहर निकलकर मेरे साथ चले चलो। मैं तुम्हें असली दुनिया दिखाता हूँ।"

अब मेंढक को भी हंस पर भरोसा हो चला था, सो उसने भी चलने की हामी भर दी। वह हंस की पीठ पर सवार हुआ। देखते-ही-देखते हंस ने उड़ान भर दी। जैसे-जैसे हंस की उड़ान ऊची होती जाती, मेंढक उतना ही हतप्रभ होता जाता। अरे! इतनी बड़ी दुनिया! इतनी सारी नदियाँ! इतना बड़ा सागर! इतनी बड़ी धरती! इतना ऊँचा आसमान! इतने सारे जीव! इतने सारे वृक्ष! अहा! सचमुच कैसी मनोहारी दुनिया है यह! कितना आकर्षण, कैसा सौन्दर्य है यहाँ! कितना आनंद कितनी उन्मुक्तता है यहाँ!

कैसी स्वच्छंदता, कैसी स्वतंत्रता है यहाँ! यह सौभाग्य उसे हंस के कारण ही प्राप्त हुआ है, ऐसा सोचकर उसकी आँखों से आँसू भर आए, पर ये आँसू हंस के प्रति कृतज्ञता के थे, क्योंकि आज हंस के कारण उसका जीवन सचमुच धन्य-धन्य जो हो गया था।

विचार करें तो हमारी स्थिति भी इससे कहाँ भिन्न है। हम भी अपने संकीर्ण विचारों के छोटे से कुँए में जीवन यापन करते हैं और फिर उसे ही अपनी दुनिया मान बैठते हैं। इसी छोटे कुँए की इसी छोटी-सी दुनिया में रहते हुए हम संसार से विदा हो जाते हैं।

'हमारी विवेकशीलता स्थिर रहे' यह तथ्य जीवन को सुविकसित बनाने के लिए बड़ा आवश्यक है और यह तभी संभव है जब वह अहंकार से बचे। थोड़ी सफलताएँ, इच्छानुकूल परिस्थितियाँ प्राप्त होने पर सत्ता अधिकार, सम्पत्ति मिलने पर बड़े अहंकारी बन जाते हैं। उनका व्यवहार, बात-चीत का ढंग, सोचने का तरीका, शान-शौकत, अकड़, शेखीखोरी सभी कुछ बातें ऐसी हो जाती हैं कि उसे आधा पागल ही कहा जा सकता है। कुछ वर्षों पूर्व इस देश में राजा, नवाब, ताल्लुकदार, जमीदार, साहूकार बहुत थे। उनके पास धन और सत्ता का बाहुल्य था। फलस्वरूप उनके पहनाव-उढ़ाव, बोल-चाल, उठन-बैठक सभी कुछ विचित्र प्रकार बन गए थे। क्षण-क्षण में विचित्र प्रकार की सनकें उठा करती थीं और चापलूस लोग उन सनकों से भरपूर स्वार्थ-साधन किया करते थे। सत्ता और धन का बाहुल्य उन अमीरों को ऐसी अर्द्धविक्षिप्त स्थिति में पहुँचा देता था कि वे उचित-अनुचित का निर्णय करने में प्रायः असफल रहते थे। अभी भी जिनके पास ऐसे साधन मौजूद हैं उन अमीरों एवं अधिकारियों की भयंकर स्थिति प्रायः उन राजा, नवाबों जैसी हो जाती है। इसमें दोष साधनों का नहीं मनुष्य की मानसिक दुर्बलता का है।

रामायण में एक चौपाई आती है :-

क्षुद्र नदी भरि चलि इतराई। जिमि थोरेहि धन खल बौराई॥

छोटे नदी-नाले जिस प्रकार वर्षा के थोड़े-से पानी को पाकर अपनी मर्यादाओं को छोड़कर उफनते-इतराने लगते हैं उसी प्रकार क्षुद्र पुरुष भी थोड़े सुख-साधनों के प्राप्त होने पर बावले हो जाते हैं। इनमें वर्षा का जल का दोष नहीं, नाले की क्षुद्रता ही कारण है, क्योंकि समुद्र और विशाल नदी, सरोवर विशाल क्षेत्र की भारी वर्षा का विपुल जल प्राप्त होने पर भी अपनी मर्यादाओं को नहीं छोड़ते। विनम्र और गंभीर मानसिक स्तर के लोग भी विपुल सत्ता, विद्या कीर्ति एवं सम्पदा प्राप्त होने पर भी इतराते नहीं, वरन् अपने ऊपर आए हुए उत्तरदायित्वों की गंभीरता को समझकर और भी अधिक विवेक, धैर्य, दूरदर्शिता एवं विनम्रता से काम लेते हैं। यदि धन या सत्ता का दोष रहा होता तो

सभी पर उसका प्रभाव पड़ता, पर हम देखते हैं कि संसार में ऐसे असंख्य व्यक्ति हैं जो विपुल साधनों के हस्तगत होते हुए भी अत्यधिक जिम्मेदारी और सज्जनता की स्थिति में बने रहते हैं।

घमण्डी का सिर नीचा

एक कहावत है- घमण्डी का सिर नीचा। जो व्यक्ति घमण्ड लेकर जीवन व्यवहार करता है, उसे एक न एक दिन नीचा देखना ही पड़ता है और उसका पतन होता है। घमण्डी व्यर्थ ही अपना सिर ऊँचा रखना चाहता है, वह ऊपर देखता है। इस कारण वह नीचे न देखकर ठोकर खाता ही है और मुँह के बल गिरता है, उसका घमण्ड चूर-चूर हो जाता है।

देवताओं के कोषाध्यक्ष कुबेर को अपने पास संचित अकूत धन सम्पदा का अभिमान हो गया। इस अहंकार से प्रेरित होकर वे भगवान् शिव के पास पहुँचे और उनसे निवेदन करने लगे- "महादेव! मैं एक भव्य भोज का आयोजन कर रहा हूँ। उसमें देव, यक्ष, गंधर्व, किन्नर सभी लोग आमंत्रित हैं। यदि आप और माँ पार्वती भी वहाँ आएँ तो अच्छा रहेगा।"

भगवान् शिव उसके मंतव्य को भाँप गए और बोले- "हमारा प्रतिनिधित्व गणेश कर लेंगे।" निर्धारित समय पर गणेश जी भोज में पहुँचे। उन्होंने पहुँचते ही कुबेर से कहा- "मुझे भूख लगी है, कृपया भोजन करा दें।"

कुबेर ने खाना परोसना प्रारंभ किया, पर गणेश जी सारे व्यंजन एक के बाद एक समाप्त करते गए। देखते-देखते कुबेर का खजाना चुकने लगा तो उन्होंने घबराहट में भोजन परोसवाना बंद कर दिया।

गणेश जी क्रोध में बोले- "कैसे दरिद्रों का भोज है। यहाँ एक का पेट नहीं भर सकता तो इतने सारे व्यक्तियों को क्यों आमंत्रित किया?" कुबेर का अहंकार चूर-चूर हो चुका था।

अहंकार का अन्त पतन से

पेड़ ने बेल को अपने तने से लिपटते देखा तो उसका स्वागत किया, परन्तु बेल बोली- "देखना एक दिन तुमसे ऊपर निकल जाऊँगी।"

पेड़ बोला- "अपना कोई अपने से ऊपर जाता है तो बहुत प्रसन्नता होती है।" परन्तु बेल का अहंकार पेड़ के प्रेम भरे शब्द सुनकर भी कम न हुआ। कुछ दिनों बाद राजा का रथ वहाँ से गुजरा तो पेड़ से लटकती बेल राजा के मुकुट में फँस गई। क्रोधित राजा ने बेल उखड़वा डाली।

पददलित बेल को अनुभव हुआ कि अहंकार कितना भी तेज उड़े, उसका अंत पतन से ही होता है।

अभिमानी अटलांटा की हार

अटलांटा को जूपिटर ने आशीर्वाद दिया था, तुझसे तेज कोई भी न दौड़ सकेगा, इसलिए उसने अहंकारवश यह घोषणा कर दी, "जो उसे दौड़ में परास्त करेगा, वह उसी से विवाह करेगी।"

बहुत-से लोग आए पर वे अटलांटा को दौड़ में हरा न सके। एक मनुष्य ने जूपिटर (भगवान्) से प्रार्थना की, "हे प्रभु! मुझे अटलांटा से प्रेम है, किन्तु उसकी तरह दौड़ने की शक्ति नहीं। मुझे वह शक्ति दो प्रभो! मूर्ति बोली- "पुत्र! यह वरदान तो अटलांटा को ही मिला है, पर हाँ एक उपाय है- अहंकारी व्यक्ति को विवेक नहीं होता, तुम दौड़ के रास्ते में कुछ स्वर्ण मुद्राएँ बिखेर देना, फिर जीत तुम्हारी होगी।" उस व्यक्ति ने ऐसा ही किया। अटलांटा दौड़ी तो पर सिक्कों के लालच में बार-बार रूकी और वह आदमी आगे निकल गया। उसने अटलांटा को भी पा लिया और स्वर्ण मुद्राओं को भी।

राजा का अहंकार

हम अपने एकाकी छोटे संसार में कूपमण्डूक की तरह मदनमस्त बने फिरते हैं पर यह भूल जाते हैं कि हमारा निज का कोई अधिकार किसी पर नहीं। यह सारा ब्रह्माण्ड एक विशाल परिवार है, जिसको ऊँचा उठाना हमारा दायित्व है। अहंता, काम, मद कभी उभरे तो उसे मिटा देना ही ठीक है।

एक राजा किसी संत के सामने शेखी बघार रहा था और कह रहा था कि मैंने राज्यभर का पालन-पोषण करने की सुन्दर व्यवस्था बना रखी है। सबने उलटकर पूछा- "अपने राज्य के पशु-पक्षी, मनुष्य में कौन सुखी-दुःखी, स्वस्थ, रूग्णों की गणना करके बताओ।" राजा सकपका गया। संत ने कहा- जब तुम्हें राज्य के क्षेत्र में रहने वाले वर्गों की गणना नहीं मालूम तो उनके उपयुक्त प्रबन्ध कैसे होंगे? राजा का अहंकार गल गया और वह भगवान् द्वारा विश्व व्यवस्था चलाने की बात कहने लगा।

अहंकार का मद

अहंकार का मद अधिक देर तक नहीं टिकता। बहुत शीघ्र ही इसके परिणाम सामने आते हैं। एक दिन हवा जोर से चलने लगी। धरती की धूल उड़-उड़कर आसमान पर छा

गई। धरती से उठकर आकाश पर पहुँच जाने पर धूल को बड़ा गर्व हो गया। वह सहसा कह उठी- "आज मेरे समान कोई भी ऊँचा नहीं। जल, थल, नभ के साथ दसों दिशाओं में, मैं-ही-मैं व्याप्त हूँ।"

बादल ने धूल की गर्वोक्ति सुनी। उसने धूल की भूल पर थोड़ा अट्टाहास किया और अपनी धाराएँ खोल दीं। देखते-ही-देखते धूल आसमान से उतरकर जमीन पर पानी के साथ बहती दिखलाई देने लगी, दिशाएँ साफ हो गईं। कहीं भी धूल का नामोनिशान न रहा। पानी के साथ बहती हुई धूल से धरती ने पूछा- "रेणुके! तुमने अपने उत्थान-पतन से क्या सीखा?"

धूल ने कहा- "धरती माता! मैंने सीखा कि उन्नति पाकर किसी को गर्व नहीं करना चाहिए। गर्व करने वाले मनुष्य का पतन अवश्य होता है।"

इसलिए कहा गया है :-

बुलन्दी की उड़ान पर हो तो ज़रा सब्र रखो।
परिन्दे बताते हैं कि आसमान में ठिकाना नहीं होता।।

एक जंगल में बांस का पेड़ था और उसके पास ही आम का एक पेड़ भी था। बांस ऊँचा था, आम छोटा। एक दिन बांस ने कहा- "देखते नहीं मैं कितना बड़ा हो चला, कितनी तेजी से बढ़ा और एक तुम हो जो इतनी आयु होने पर भी अभी छोटे ही बने हुए हो।" आम ने बांस के सौभाग्य को सराहा, पर अपनी स्थिति पर भी असंतोष व्यक्त नहीं किया। समय बीतता गया। बांस पककर सूख चला, किन्तु आम की डालियाँ फलों से लदीं और वह अधिक झुक गया।

बांस फिर इठलाया- "देखते नहीं, मैं सुनहरा हो चला और बिना पत्तियों के भी दूर-दूर से कितना सुंदर दिखता हूँ। एक तुम हो कि जिसे फलों से लदने पर भी नीचे देखना पड़ रहा है।" आम ने फिर भी अपने सम्बन्ध में कुछ नहीं कहा। बांस की सराहना भर उसने कर दी।

एक दिन यात्रियों का झुण्ड वहाँ पर आया और ठहरने के लिए आश्रय की तलाश की सो फलों से लदा छायादार आम्रवृक्ष सबको सुहाया और वे डेरा डालकर वहाँ रात्रि विश्राम करने लगे। भोजन पकाने के लिए ज़रूरत आग की पड़ी सो नज़र दौड़ाई तो पास में ही सूखा बांस खड़ा पाया तो उसे काटकर जलाना आरंभ कर दिया। अब बांस को अनुभव हुआ कि अहंकार को एक-न-एक दिन नष्ट होना पड़ता है।

पूर्णता का अहंकार

बाप ने बेटे को भी मूर्तिकला ही सिखाई। दोनों हाट में जाते और अपनी-अपनी मूर्तियाँ बेचकर आते। बाप की मूर्ति पाँच रूपए की बिकती पर बेटे की मूर्तियों का मूल्य एक रूपये से अधिक न मिलता।

हाट से लौटने पर बेटे को पास बिठाकर बाप उसकी मूर्तियों में रही हुई त्रुटियों को समझाता और अगले दिन उन्हें सुधारने के लिए समझाता।

यह क्रम वर्षों चलता रहा। लड़का समझदार था, उसने पिता की बातें ध्यान से सुनी और अपनी कला में सुधार करने का प्रयत्न करता रहा। कुछ समय बाद लड़के की मूर्तियाँ भी पाँच रूपए की बिकने लगी।

बाप अब भी उसी तरह समझाता और मूर्तियों में रहने वाले दोषों की ओर उसका ध्यान खींचता। बेटे ने और भी अधिक ध्यान दिया तो कला भी अधिक निखरी। मूर्तियाँ दस रूपए की बिकने लगीं।

सुधार के लिए समझाने का क्रम बाप ने तब भी बंद न किया। एक दिन बेटे ने झुँझला कर कहा- "आप तो दोष निकालने की बात बंद ही नहीं करते। मेरी कला अब तो आप से भी अच्छी है, मुझे दस रूपए मिलते हैं, जबकि आपको पाँच रूपए।"

बाप ने कहा- "पुत्र! जब मैं तुम्हारी उम्र का था तब मुझे अपनी कला की पूर्णता का अहंकार हो गया और फिर सुधार की बात सोचना छोड़ दिया। तब से मेरी प्रगति रूक गई और पाँच रूपए से अधिक मूल्य की मूर्तियाँ न बना सका। मैं चाहता हूँ वह भूल तुम न करो। अपनी त्रुटियों को समझने और सुधारने का क्रम सदा जारी रखो ताकि बहुमूल्य मूर्तियाँ बनाने वाले श्रेष्ठ कलाकारों की श्रेणी में पहुँच सको।"

कहा गया है- किस बात पर हम सब इतने घमण्डी, इतने अभिमानी हैं बनकर मिट जाने की हम सब एक छोटी-सी कहानी है।

राग-रंग और अहंकार ने बदल दिया भारत का इतिहास

सोलह बार मुहम्मद गौरी को हरा देने के बाद पृथ्वीराज को अहंकार हो गया था। वह समझने लगे थे कि गौरी अब उन्हें परास्त नहीं कर सकता। विजय के गर्व में उन्होंने इस तथ्य को भुला दिया था कि गफलत में पड़े जाने पर विजय क्षणभर में ही पराजय में बदल सकती है।

संयोगिता जैसी अनिंद्य सुंदरी से उनका विवाह हुआ था और वे अपनी प्रियतमा के रूप में ऐसे खो गए थे कि न राज्य प्रबंध सूझता था और न ही सुरक्षा का कोई ध्यान था। अपनी दुनिया को पृथ्वीराज ने संयोगिता के कक्ष तक ही समेट लिया था। कब दिन उगता और कब शाम होती, पृथ्वीराज को इसका कोई पता नहीं चलता। संयोगिता की रूप माधुरी को देखते-देखते आँखें थक जातीं। पर देखने की चाह न मिटती। फिर विदित हुआ कि गौरी पुनः आक्रमण की तैयारी कर रहा है, इसके साथ ही गौरी ने यह भी मालूम कर लिया कि कन्नोज का राजा जयचंद पृथ्वीराज से जला भुना बैठा है। उसको साथ लिया जाए तो वह विभीषण साबित हो सकता है।

विश्वस्त साथियों को मध्यस्थ बनाकर गौरी ने जयचंद का सहयोग पाने में सफलता प्राप्त कर ली थी। जब आक्रमण की पूरी तैयारियाँ हो गईं और इस बात का पता पृथ्वीराज के मंत्री गुरुराय और राज्य कवि चंद को चला तो उन्होंने इसे पृथ्वीराज को सूचित करना आवश्यक समझा। चंद और गुरुराय जब आक्रमण की सूचना देने गए तब भी पृथ्वीराज अपने विलास में मग्न थे। बिना कुछ जाने ही पृथ्वीराज ने किसी से भी मिलने के लिए मना कर दिया तो चंद ने यह संदेश भिजवाया :-

कग्गर अप्पहं राज कर, मुंहअप्पहं इह बत्त।
गौरी रतौ तुम धरनी, तुम गौरी रस रत्त॥

"यह काम करने के लिए पूरा जीवन पड़ा है। गौर तुम्हारी मातृभूमि को ताक रहा है। तुम गौरी (स्त्री) के रस में ही डूबे हुए हो।"

तब भी पृथ्वीराज ने कोई तत्परता नहीं दिखाई। संयोगिता को जब इस बात का पता चला तो उसने अपने पति को फटकारा और कहा- "जब शत्रु तुम्हारी मातृभूमि पर आँख गड़ाए हुए हैं तब तुम यहाँ क्या कर रहे हो?"

सन्न रह गया पृथ्वीराज और फिर उस फटकार को सुनकर बाहर निकल आया, लेकिन अब तक बहुत देर हो चुकी थी। इस युद्ध में पृथ्वीराज गौरी से हार गया। काश, पृथ्वीराज सो नहीं जाता, राग-रंग और अहंकार में डूबा नहीं होता तो भारत का इतिहास आज कुछ और ही होता।

किसी ने ठीक ही कहा है :-

अहंकार में भूल जाता जो अपनी औक़ात,
ऐसे ही एक दिन हो जाता बर्बाद।

युधिष्ठिर की दर्पभरी मुस्कान

धर्मनिष्ठा और तप साधना के प्रतिदान-प्रतिफल के रूप में महाराज युधिष्ठिर को अक्षय पात्र मिल गया। अक्षय पात्र की विशेषता यह थी कि उससे जब भी माँगा जाता वह स्वादिष्ट और मधुर व्यंजन प्रदान करता। परीक्षा हेतु उसी दिन हस्तिनापुर की समग्र जनता को मनपसंद व्यंजन और पकवान ग्रहण करने का सार्वजनिक निमंत्रण दिया। हर किसी को इस अक्षयपात्र से लाभ उठाने की छूट थी। सारी नगरी उमड़ पड़ी और सभी पुरवासियों ने छक कर भोजन किया। इतना ही नहीं एक परम्परा की घोषणा भी की गयी कि महाराज सोलह हजार ब्राह्मणों को प्रतिदिन भोजन करायेंगे। हस्तिनापुरी में तो इससे कम ब्राह्मण थे इसलिए बाहर के राज्यों से भी ब्राह्मण बुलाए गए और संख्या पूरी कर उन्हें वहाँ बसाया गया।

अक्षय पात्र अपने ढंग से प्रयुक्त होता रहा और सब ठीक ढंग से चलता रहा, लेकिन युधिष्ठिर को दंभ होने लगा कि मुझ जैसा कोई दानी नहीं है। इस दंभ को पुष्ट करता रहा- आश्रित ब्राह्मणों का जयगान। एकाध व्यक्ति ही किसी की प्रशंसा करने लगे तो मनुष्य का भाल गर्वोन्नत होने लगता है फिर वहाँ तो सोलह हजार समाज के प्रबुद्ध व्यक्ति युधिष्ठिर का यशोगान करते थे। यह ठीक है युधिष्ठिर ने अपने जीवन का एक बड़ा भाग कठोर तप साधनाओं में गुजारा था, परन्तु कुछ कमजोरियाँ अभी भी शेष थीं जिन्हें विजित करना था और उनमें एक था यह सात्त्विक अभिमान।

भगवान् कृष्ण ने जब यह देखा कि उनका शिष्य अभिमान के मद में चूर होता जा रहा है तो उनसे यह सहन न हुआ। भगवान् शिष्यों की सब ओर से रक्षा करने वाले हैं, उन्हें यह सहन भी कैसे होता कि एक साधारण-सी बात उनके शिष्य के पतन का कारण बने। उनकी दृष्टि में अक्षय पात्र और सोलह हजार ब्राह्मणों को प्रतिदिन भोजन कराना तो साधारण-सी बात है। कई बार भगवान् ने उन्हें परोक्ष रूप से समझाया भी सही, परन्तु युधिष्ठिर समझने में असमर्थ ही रहे। एक बार अवसर देखकर श्रीकृष्ण ने प्रत्यक्षतः भी कहा- "धर्मराज! मैं मानता हूँ कि ब्राह्मणों के लिए तुम भोजन की व्यवस्था कर पुण्य कार्य में संलग्न हो, परन्तु उसके लिए अभिमान नहीं करना चाहिए।"

''परन्तु प्रभु मैंने तो ऐसी कोई बात नहीं की जिससे अभिमान टपकता हो।" युधिष्ठिर ने कहा।

"अभिमान बातों से नहीं क्रियाओं से व्यक्त होता है।" भगवान् ने कहा और युधिष्ठिर को लेकर वे महाराज बलि के पास पहुँचे। बलि को युधिष्ठिर का परिचय देते हुए उन्होंने

कहा- “दैत्यराज ये हैं पांडवों के अग्रज महादानी युधिष्ठिर। इनके दान से मृत्युलोक के प्राणी इस तरह उपकृत हो रहे हैं कि वे तुम्हारा स्मरण भी नहीं करते।”

“परन्तु मैंने स्मरण किए जाने जैसा कार्य भी क्या किया था।” - बलि ने कहा- “मैंने वामन को केवल तीन पग ज़मीन देने का वचन दिया और वह पूरा किया भी। अब यह बात अलग है कि वह वामन विराट् बन गया।”

“महाबली! तुमने सब कुछ खोकर भी अपना वचन पूरा किया, इसलिए तुम्हारी ख्याति अमर हुई। धर्मराज की कीर्ति भी तुम्हारे यश की होड़ कर रही है। तुम दोनों पुण्यात्माओं का मिलन निश्चय ही सौभाग्यपूर्ण है।”

बलि ने युधिष्ठिर की कोई पुण्य गाथा सुनाने के लिए कहा। भगवान् कृष्ण ने उनके पूर्व जीवन का संपूर्ण विवरण क्रमवार सुनाया और अक्षय पात्र सोलह हजार ब्राह्मणों को भोजन कराने की नियम-परम्परा का भी उल्लेख किया। यह सब सुनते हुए युधिष्ठिर के चेहरे पर दर्पभरी मुस्कान खिलती जा रही थी, लेकिन वह तब विलुप्त हो गयी जब दानवेन्द्र ने कहा- “आप इसे दान कहते हैं, लेकिन यह तो पाप है।”

महाबली ने कहा- “धर्मराज! केवल अपने दान के दंभ को पूरा करने के लिए किसी ब्राह्मण को आलसी बनाना पाप ही है। मेरे राज्य में तो किसी याचक को नित्य भोजन की सुविधा दी जाय तो भी वह स्वीकार नहीं करेगा।”

धन नहीं, हृदय के भाव चाहिए

गुरु गोविन्द सिंह निविड़ वन में बैठे एकान्त चिन्तन, ध्यान और स्वाध्याय में लीन थे। तभी गुरु ने देखा यमुना को पार कर उनका एक शिष्य उनकी ही ओर आ रहा था। निकट आने पर उसे पहचाना, उस शिष्य का नाम था रघुनाथ। काफी सम्पन्न और ऐश्वर्यशाली। उसे अपनी धन-सम्पदा का भी बड़ा अभिमान था। वह निकट आकर गुरु के पास बैठ गया। गुरु ने कहा- “आओ रघु! केसे आए हो?”

रघुनाथ ने गुरु के चरणों में विनम्र प्रणाम किया और बोला- “सुना था कि आप हम भक्तों को छोड़कर इस एकांत वन में आ गए हैं। सोचा आपकी कुशलक्षेम ही पूछ आऊँ।”

“मेरी कुशलक्षेम क्या जानना है रे रघु” - गुरु ने बड़ी आत्मीयता से सम्बोधित करते हुए कहा- “कुशल तो मेरे उन बंदों की पूछ जाकर जो ग्रन्थ साहिब का संदेश तमान कष्ट-कठिनाइयाँ सहकर भी लोगों तक पहुँचाने में लगे हुए हैं।”

इतना कहकर गुरु गोविन्द ने अपने पास की रूखी रोटियाँ रघुनाथ की ओर करते हुए कहा- “इस निर्जन वन में तो मैं तुम्हारा स्वागत इन्हीं से कर सकता हूँ।”

रघु ने उन्हें देखा और तुरन्त कहा- "अरे गुरुजी! आप इन सूखे टुकड़ों पर अपना निर्वाह कर रहे हैं?"

"सूखे टुकड़े नहीं ये प्रेम के पकवान हैं" - गुरुजी बोले - "इन्हें एक भाई दे गया था।"

"तैं मैं आपकी सेवा में एक तुच्छ भेंट अर्पित करता हूँ" - रघु ने कहा और उसने अपने हाथों से दोनों हीरे जड़े कड़े उतारे तथा गुरु के समक्ष रख दिए। फिर कहा- "इन्हें स्वीकार कीजिए।"

रघु यह कहकर गर्व से देखने लगा। गुरु ने उसके चेहरे पर आते-जाते भावों को देखा और एक कड़ा अँगुली में पहन लिया। अँगुली में पहनकर उसे चौगिर्द चक्र की भाँति घुमाने लगे। हीरे के कण सूर्य के प्रकाश में चमक उठे और उनसे किरणें बिखरने लगीं।

तभी कड़ा अँगुली पर से उछला और चट्टान पर से लुढ़कता हुआ यमुना में गिर गया। रघुनाथ ने समझा कि गुरु के हाथों से वह कड़ा असावधानीवश छूट गया है। तत्क्षण उसके मुँह से 'हाय' निकल गई और वह दौड़ता हुआ गया तथा नदी में कूदकर कड़ा खोजने लगा।"

गुरु पुनः स्वाध्याय में तन्मय हो गए। कड़ा खोजते-खोजते जब कुछ देर हो आई तो उन्होंने रघु को पुकारा। रघुनाथ ने नदी में से ही कहा- "गुरुजी! कड़ा नहीं मिल रहा है। यह पता नहीं चल रहा है कि वह कहाँ गिरा है। आप इतना बता दें तो मैं वह कड़ा निकाल कर अभी लाता हूँ।

रघुनाथ की आवाज़ सुनकर गुरु गोविन्द ने दूसरा कड़ा भी उठाया और उसे पहले की तरह अँगुली में पहनकर घुमाया तथा उछाल दिया। वह कड़ा भी यमुना में जा गिरा। 'छपाक' की आवाज़ हुई और गुरु गोविन्द सिंह ने कहा- "पहला वाला कड़ा भी वहीं गिरा है।"

अब जैसे रघुनाथ को यथार्थ बोध हुआ। वह नदी में से निकलकर गुरु के सामने खड़ा हो गया। उसके चेहरे पर आए जिज्ञासा के भावों को देखकर गुरु बोले- "जिस समय तुम रोटियाँ देखकर कड़ा दे रहे थे उस समय तुम्हारे चेहरे पर धन का मद खेल रहा था। जहाँ मद होता है वहाँ सेवा नहीं हो सकती। सेवा कोई धन से नहीं होती। उसके लिए तो हृदय में भाव होने चाहिए।" रघुनाथ का समाधान हो चुका था। उसने अपनी भूल का अनुभव किया और अपने मन का परिष्कार किया।

दो विद्वतजनों का एक-दूसरे को उपहार

राजा अश्वघोष की ख्याति बहुत थी। उनके बारे में प्रसिद्ध था कि वे विद्वत्ता को तुरन्त पहचान लेते हैं और विद्वानों का यथोचित् सम्मान भी करते हैं। उनकी ख्याति सुनकर काशी के दो पंडित उनके दरबार में पहुँचे। वहाँ पहुँचकर दोनों ने अहंकार से लिप्त भाषा में अपनी-अपनी प्रशंसा करनी प्रारंभ की। दोनों की आडंबरपूर्ण भाषा एवं मिथ्या अहंकार से राजा अश्वघोष का मन बड़ा क्षुब्ध हुआ। उन्होंने दोनों की परीक्षा लेने की सोची।

राजा ने दोनों पंडितों को एकांत में एक-एक करके बुलाया और उनसे अपने साथी पंडित का परिचय पूछा। पहले पंडित ने दूसरे के बारे में बोला- "अरे! वो तो निरा गधा है। उसे तो शास्त्रों का ज़रा भी ज्ञान नहीं।"

दूसरा पंडित बोला- "महाराज! मेरे साथी के बारे में आपको क्या बताऊँ? वो तो एक सिरफिरा बैल है।"

जब उन पंडितों के जाने का समय आया तो राजा ने एक को उपहार में भूसा और दूसरे को चारा दिया। यह देखकर दोनों क्रोध से आगबबूला हो गए और बोले- "ये क्या महाराज! हमने तो आपकी बड़ी प्रशंसा सुनी थी कि आप बड़े ज्ञानी व्यक्ति हैं, पर आपने यह हमारा कैसा अपमान किया है?"

राजा अश्वघोष बोले- "पंडितजी! इसमें मेरा कोई दोष नहीं। यह उपहार तो उसी परिचय का परिणाम है, जो आप विद्वतजनों ने एक-दूसरे का दिया।" महाराज के कथन का अर्थ दोनों की समझ में आ चुका था। दोनों ने भविष्य में ऐसी गलती न दोहराने का वचन दिया और ज्ञान के मूल भाव को जीवन में उतारने का संकल्प लिया।

अहंकारी बादशाह तैमूरलंग की क़ीमत चार कौड़ी भी नहीं

दुनिया के कट्टर और खूँखार बादशाहों में तैमूरलंग का भी नाम आता है। व्यक्तिगत महत्त्वाकांक्षा, अहंकार और जवाहरात की तृष्णा से पीड़ित तैमूर ने एक बार विशाल भू-भाग को रौंद कर रख दिया। बगदाद में उसने एक लाख मरे हुए व्यक्तियों की खोपड़ियों का पहाड़ खड़ा करवाया था। इसी से उसकी क्रूरता का पता चल जाता है।

एक समय की बात है। बहुत-से गुलाम पकड़कर उसके सामने लाए गए। तुर्कीस्तान का विख्यात कवि अहमदी भी दुर्भाग्य से पकड़ा गया। जब वह तैमूर के सामने उपस्थित हुआ, तो एक व्यंग्यात्मक हँसी हँसते हुए उसने दो गुलामों की ओर इशारा करते हुए पूछा,

"सुना है कि कवि बड़े पारखी होते हैं, बता सकते हो, इनकी क़ीमत क्या होगी।"

"इनमें से कोई भी 4 हजार अशर्फियों से कम क़ीमत का नहीं है।" अहमदी ने सरल, किन्तु स्पष्ट उत्तर दिया।

"मेरी क़ीमत क्या होगी?" तैमूर ने अभिमान से पूछा।

"यही कोई 24 अशर्फी।" निश्चिंत भाव से अहमदी ने उत्तर दिया।

तैमूर क्रोध से आगबबूला हो गया। चिल्लाकर बोला, "गुस्ताख़! इतने में तो मेरी सदरी भी नहीं बन सकती, तू यह कैसे कह सकता है कि मेरा मूल्य कुल 24 अशर्फी है?"

अहमदी ने बिना किसी आवेश या उत्तेजना के उत्तर दिया, "बस, यह क़ीमत उसी सदरी की है, आपकी तो कुछ भी नहीं। जो मनुष्य पीड़ितों की सेवा नहीं कर सकता, बड़ा होकर भी छोटों की रक्षा नहीं कर सकता, असहायों की, अनाथों की सेवा नहीं कर सकता, उस इंसान का मूल्य चार कौड़ी भी नहीं, उससे अच्छे तो ये गुलाम ही है जो किसी के काम तो आते हैं।

किसी ने क्या खूब कहा है :-

ना इतराओ इतना बुलंदियों को छूकर,
वक्त के सिकन्दर पहले भी कई हुए हैं,
जहाँ होते थे कभी शहंशाह के महल
वहीं अब उनके मक़बरे बने हुए हैं।

*

10.

विनम्रता है जहाँ, अहंकार का क्या काम वहाँ?

विनम्रता ही श्रेष्ठता की पहचान है, अहंकार का उपचार है, कोई, कितने भी ऊँचे पद पर हो, अगर वो व्यक्ति विनम्र नहीं है तो व्यक्ति श्रेष्ठ भी नहीं है।

- आचार्य वेदान्त तीर्थ

जब मनुष्य अपने आपको सामान्य स्तर पर न समझकर असाधारण, विशेष, बड़ा, महत्त्वपूर्ण समझने लगता है, तभी अभिमान का अंकुर फूट निकलता है, जो दिनों-दिन बढ़ता हुआ विशाल रूप धारण कर लेता है। झूठी प्रशंसा, उद्दण्डता, स्वेच्छाचार, शेखीखोरी से भी मनुष्य अपनी वस्तुस्थिति को न समझकर अभिमान के पैरों से उड़ने लगता है।

अपने रंग-रूप, सामर्थ्य, शक्ति की विशेषताओं का अभिमान मनुष्य के पतन का कारण बन जाता है। वह कुछ का कुछ करने लगता है। उसकी विवेकशीलता विचार-बुद्धि, दूरदर्शिता मारी जाती है। इससे अनायास ही दूसरे लोग शत्रु बन जाते हैं। अपने उक्त व्यवहार के कारण दिनों-दिन उसके विरोधियों, शत्रुओं की संख्या बढ़ जाती है और यही पतन, असफलता, विनाश का मार्ग है। उसकी सारी शक्ति विरोधों, द्वेष, षडयंत्रों में नष्ट हो जाती है। रचनात्मक दृष्टि से वह कुछ भी नहीं कर पाता।

किसी का विषय क्षेत्र में अभिमान हो जाने पर मनुष्य की प्रगति, विकास का मार्ग अवरुद्ध हो जाता है। न्यूटन महोदय ने अपने गणित की महत्त्वपूर्ण खोज काफी समय तक प्रकाशित ही नहीं की, किन्तु बहुत समय बीत जाने के बाद उन्होंने उस खोज को एक पत्र में प्रकाशित कर दिया, तो अनेक लोगों के धन्यवाद, अभिवादन, प्रशंसा पत्र उनके पास आने लगे। इस पर उन्होंने दुःखी होकर कहा था- "अब मेरी प्रसिद्धि खूब बढ़ेगी, किन्तु विद्या जिसके लिए मैंने जीवन लगा दिया, उसका विकास रूक जाएगा।"

जब किसी व्यक्ति के अंदर "मैं" की भावना चरम सीमा पर पहुँच जाती है, तब वह 'आत्ममोह' (Narcissism or Self-Infatuation) से पीड़ित होकर अपने व्यक्तित्व का विकास नहीं कर पाता। इस 'मैं' के कारण वह स्वयं को दूसरों से भिन्न समझने लगता है और उनसे विशेष बर्ताव की अपेक्षा रखता है। 'मैं' का अर्थ 'मोह' है, जिससे अहंकार (Egosim) की उत्पत्ति होती है। जब तक 'मैं' और 'मेरा' तथा 'मैं भी कुछ हूँ' का अहंकार नहीं मिटेगा, तब तक वह महानता की कल्पना नहीं कर सकता। श्रीकृष्ण ने 'आत्ममोह' को 'जीव का शत्रु' बतलाया है। अहंकार मनुष्य की तुच्छता का प्रतीक है, जैसा कि वाल्टेयर ने कहा है- "मनुष्य जितना छोटा होता है, उसका अहंकार उतना ही बड़ा होता है।"

'मैं' को भूलकर 'तू' का भाव जागृत करने में ही जीवन की सार्थकता है, क्योंकि 'मैं' तक सीमित रहने वाला व्यक्ति अहंकारी होकर न तो अपना भला (स्थायी तौर पर) कर सकता है और न ही अपने जीवन में किसी दूसरे का।

मैं कौन हूँ? भली-भाँति विचार करने पर मालूम होता है कि 'मैं' नाम की कोई वस्तु है ही नहीं। हाथ, पैर, खून, माँस इत्यादि इनमें से 'मैं' कौन है? जिस प्रकार प्याज का छिलका अलग करते-करते छिलका ही निकलता जाता है। शेष कुछ बचता ही नहीं, उसी तरह विचार करने पर 'अपनत्व' नाम से कुछ बचता नहीं। अन्त में जो कुछ रहता है, वही आत्मा या चैतन्य है। अहम् भाव दूर हो जाने पर ही आत्म कल्याण होता है।

जो 'मैं' अर्थात् अहं से रहित है, वह मधुरता से युक्त है तथा जो 'अहं' के विशाल हाथी पर बैठा है, उसके सिर पर धूल ही है। अहं पतन और विनाश का कारण है। ये 'मैं' ही है जिसके कारण एक उदर से जन्मा भाई भी मात्र पड़ोसी बनकर रह गया है। इसी 'अहं' और 'मैं' के कारण जन्मदाता माता-पिता को भी खून के आँसू रोना पड़ता है।

अहंकार की दक्षिणा

संत सदात्मा का आगमन एक नगर में हुआ। सुबह-शाम सत्संग होने से खूब धर्म प्रवाहना फैल रही थी। एक दिन नगर सेठ आये और संत को दक्षिणा अर्पित करते हुए अपने साथ नगर भ्रमण का निमंत्रण दिया। सेठजी उन्हें बताते जा रहे थे "यह विद्यालय मैंने बनवाया है। मेरे नाम की पट्टिका भी इस पर लगी है। यह सराय, यह अस्पताल और वो प्याऊ सब मेरे नाम पर चल रहे हैं। आस-पास के चालीस-पचास गाँव तक मेरे जैसे दानवीर दिखाई नहीं देंगे। अब आप बतायें, आपको क्या चाहिये, मैं देने को तैयार हूँ।"

संत ने पूछा- "सेठजी आप ये दान आत्म संतुष्टि के लिए देते हैं या लोक दिखावे के लिए।" सेठजी बोले- "दान तो आत्म संतुष्टि के लिए ही देता हूँ। नाम पट्ट तो सिर ऊँचा करने के लिए लिखवाता हूँ।" यह कहते हुए सेठजी का अहंकार चरम पर पहुँच गया। "बस, सेठजी आप कुछ देना ही चाहते हैं तो अपना यही अहंकार दक्षिणा में मुझे प्रदान करें।" यह कहकर संत आगे चल दिए।

इस संदर्भ में कबीरदासजी का कथन सारभूत है :-

माया तजि तो क्या हुआ, मान तजा नहीं जाय।
जोहि माने मुनिवर ठगौ, मान सबन को खाय॥

माया को तो एक बार त्यागा भी जा सकता है, लेकिन मान को त्यागना बड़ा कठिन है। यह मान सभी को कष्ट पहुँचाता है और कभी-कभी मनुष्य के पतन का कारण भी बन जाता है।

झुक जाने की ताकत, इच्छा और क्षमता

यदि आपके भीतर झुक जाने की ताकत, इच्छा, क्षमता है तो आप अपने अहंकार को गला सकेंगे। झुक जाना और पराजय दो अलग-अलग बाते हैं। आदमी का अहंकार विजय और पराजय की भी परिभाषा बदल देता है। अहंकारी मनुष्य हारने पर भी उसे जीत की परिभाषा कहता है। अजीब-से तर्क करता है और शत्रुतापूर्ण जीवन बना लेता है। निरहंकारी अपनी विजय में दूसरों को भी श्रेय देना जानता है। जैसे कोई पेड़ बड़ा होकर फल देता है, यह उसकी जीवन यात्रा की विजय है। उसने वह काम कर दिया, जिसके लिए वह है। पेड़ अपने लक्ष्य में जीत गया, लेकिन उसे इस बात का अहसास नहीं है कि मैंने किया। वह समूचे अस्तित्व के क्रम को स्वीकार करता है। यही प्रकृति की विशेषता है। किसी पेड़ से पूछे तो वह कहेगा कि मैं बीज से चला हूँ, फिर मिट्टी ने संभाला, जल ने आगे बढ़ाया, माली ने सुरक्षा दी, हवाओं ने अपना काम किया, सूर्य का सहारा मिला और मैंने फल दे दिया। दिया मैंने, लेकिन परिणाम इन सबके किए का है। मैं तो निमित्त हूँ। प्रकृति और मनुष्य में वही भेद है। मनुष्य मानने को तैयार नहीं है कि जो सहयोग मिल रहा है, वह दूसरों के देने पर मिल रहा है। वह तो यह भी मानकर चलता है कि सहयोग भी मैंने लिया है। अदृश्य शक्ति से यदि परिचय प्राप्त करना चाहें तो प्रकृति से अधिक से अधिक जुड़ जाए। कोई न कोई सत्ता उनके भीतर या इन सबके पीछे है। इतना बड़ा क्रियाकलाप कोई तो है जो चला रहा है। उस अज्ञात से जिस दिन हमारा परिचय होगा, हमारा अहंकार कपूर की तरह उड़ जाएगा और हमारी सफलता

सुगंध की तरह रह जाएगी।

किसी ने ठीक ही कहा है :-

मस्तक उनका भी झुकेगा,
अहंकार उनका भी टूटेगा
तू बस शान्त रहकर बढ़ता जा मंज़िल की ओर
आज तू ज़माने के सामने झुका है, कल
तेरे आगे पूरा आसमां झुकेगा।

जीवन में हमेशा छात्र बने रहें - शयन हॉलिडे अमेरिकी लेखक

जीवन में एक स्टूडेण्ट बने रहना फायदेमंद है। इसका लाभ केवल इतना भर नहीं है कि आप किसी के निर्देशों का पालन करते रहेंगे, बल्कि इससे आपका अहंकार और महत्त्वाकांक्षा भी कुछ समय के लिए आपसे दूर होते हैं। जब तक हम किसी से कुछ सीख रहे होते हैं तो इसमें हमारी एक इगो-सीलिंग तय हो जाती है। हम यह मानते हैं कि हम अपने शिक्षक के जितना नहीं जानते, हम उसके आस-पास भी नहीं है। आप स्वयं को प्रसन्नतापूर्वक उनके अधीन कर देते हैं। आप उनसे बुरा बर्ताव नहीं कर सकते। वास्तव में एजुकेशन एक ऐसी चीज़ है, जिसे हैक नहीं किया जा सकता। इसे पाने क़ा कोई शॉर्टकट भी नहीं है। आपको रोज़ इसके लिए मशक्कत करना ही होती है। समस्या यह है कि हम यह मानना नहीं चाहते कि कोई हमसे बेहतर हो सकता है या हमें अभी भी बहुत कुछ सीखना बाकी है। हम यह मानना चाहते हैं कि हम अब पूरी तरह से तैयार हो चुके हैं। ज्ञान का अहंकार हमें कुछ नया सीखने और बेहतर बनने से रोकता है, लेकिन अगर हम वस्तुनिष्ठ तरीके से खुद का आंकलन करेंगे तो इस बीमारी का इलाज पा सकते हैं। मार्शल आर्टिस्ट फ्रैंक शैमरॉक का कहना है कि महान् बनने के लिए हमें तीन चीज़ें चाहिए- कोई ऐसा जो हमसे बेहतर हो और जिससे हम सीख सकें, कोई ऐसा जो हमसे कमतर हो और जिसे हम सिखा सकें और कोई ऐसा जो हमारे समकक्ष हो और जिससे हम प्रतिस्पर्धा कर सकें।

अहंकार की पराजय और भक्त की जय - एक प्रेरक प्रसंग

जब महाभारत युद्ध तय हो गया तब श्रीकृष्ण से सहायता माँगने दुर्योधन और अर्जुन एक ही समय द्वारका पहुँचे। इस कथा से सब परिचित हैं, लेकिन यहाँ अर्जुन और दुर्योधन के रूप में मदद माँगने गए भावों के मायने गहरे हैं। इस कथा में दुर्योधन

अहंकार का और अर्जुन भक्त का प्रतीक है। इस घड़ी कृष्ण सोए हुए थे। दुर्योधन कृष्ण के सिरहाने बैठ गया और अर्जुन चरणों की ओर। इसलिए कि अहंकार सदा सिर चढ़कर बोलता है और भक्त समर्पित हो जाता है। नींद खुली तो कृष्ण की नज़र अर्जुन पर पड़ी। वे कुछ बोलते इससे पहले ही दुर्योधन बोल उठा, 'केशव! मैं भी हूँ।' अहंकार आगे बढ़कर अपनी उपस्थिति दर्ज़ कराता है, जबकि भक्त पर भगवान् की दृष्टि स्वतः पड़ जाती है। स्वभावतः भगवान ने पहले अर्जुन की कामना पूछी। तब अर्जुन ने युद्ध में सारथी के रूप में कृष्ण को माँग लिया और दुर्योधन को एक अक्षोहिणी सेना मिली। प्रतीक यह कि अहंकार बहुत कुछ पाकर ही खुश होता है, जबकि समर्पित भक्त अपने जीवन की बागडोर भगवान् के हाथ सौंप कर निश्चित हो जाता है। इतिहास साक्षी है युद्ध का परिणाम क्या हुआ। अहंकार की पराजय और भक्त की जय।

उपेक्षा अहंकार का अंगारा- ओशो

अहंकार, उपेक्षा से सदा डरा हुआ है, क्योंकि उपेक्षा से उसकी मृत्यु हो जाती है। अहंकार सदा चाहता है ध्यान : कोई ध्यान दे। इसलिए जब तुम्हें लोग ज़्यादा ध्यान देने लगते हैं तब तुम्हें बड़ा मज़ा आता है। तुम कुछ भी करने को राज़ी हो जाते हो। राजनेता की क्या खुशी है? धनपति का क्या रस है? सम्राटों का क्या मज़ा है? विशिष्टता का। सबका ध्यान उनकी तरफ लगा है। सब आँखें उनकी तरफ मुड़ी हुई है।

क्या मिलता होगा जब आँखें तुम्हारी तरफ मुड़ती हैं? जब तुम रास्ते से चलते हो, कोई तुम्हारी तरफ देखता नहीं, जैसे तुम हो ही नहीं, तब क्या खोता है? तुम्हारा अहंकार दूसरों के ध्यान का भोजन करता है। जितने ज़्यादा लोग तुम्हारी तरफ देखते हैं, जितनी आँखें तुम्हारी तरफ बहती हैं, उतना तुम्हारा अहंकार मजबूत होता है। जितना कोई तुम्हारी तरफ नहीं देखता, उतना तुम्हारा अहंकार मरने लगता है, उसकी साँसें घुटने लगती हैं। अगर कोई भी तुम्हारी तरफ न देखे और रास्ते से तुम ऐसे गुज़र जाओ जैसे तुम थे ही नहीं, कितने दिन तुम जिंदा रह सकोगे, अपने अहंकार को लेकर? अहंकार चाहता है सब मुझे ध्यान दें और मैं सबकी उपेक्षा कर सकूँ। तुम्हारे अंहकार को प्रतिफल कोई उकसावा चाहिए। कोई सहारा देता रहे, राख झाड़ता रहे, अंगारे को जगाता रहे। नया ईंधन डालता रहे। जब ऐसा नहीं होता, अगर कोई भी उसे उकसाए न, तो अंगारा धीरे-धीरे बुझ जाता है।

मैंने गाँधीजी के पत्र को फाड़ दिया- संत विनोबा भावे

(अहंकार से बचाने वाली सीख) एक उदाहरण

महापुरुष आते हैं, चले जाते हैं, मगर उनके जीवन की कई कथाओं से आने वाली पीढ़ियाँ प्रेरणा लेती रहती हैं। ऐसी ही एक कथा संत विनोबा भावे को लेकर है। कहते हैं कि एक बार जब संत विनोबा भावे को महात्मा गाँधी का पत्र प्राप्त हुआ, तो उन्होंने पत्र पढ़कर उसे फाड़ दिया। उनके द्वारा इस तरह पत्र फाड़ दिए जाने पर आश्रम के छात्रों को बहुत आश्चर्य हुआ। उनकी जिज्ञासा को देखते हुए विनोबा भावे ने कहा, "मैंने पत्र इसलिए फाड़ दिया, क्योंकि इसमें एक बहुत बड़ा झूठ लिखा गया है।"

विनोबा भावे की बात सुनकर सभी अचरज में थे। सत्य और अहिंसा की प्रतिमूर्ति माने जाने वाले महात्मा गाँधी भला झूठ क्यों लिखेंगे। छात्रों ने फिर जिज्ञासा व्यक्त की तो संत विनोबा भावे ने स्पष्ट करते हुए कहा "यह सच है कि गाँधीजी झूठ नहीं लिखते, पर उन्होंने इस पत्र में मेरी प्रशंसा करते हुए मुझे सर्वश्रेष्ठ व्यक्ति कहा है। मैं जानता हूँ कि इस विराट विश्व में मुझसे श्रेष्ठ असंख्य लोग हैं। मुझे डर लगा कि यह पत्र मुझमें अहंकार पैदा कर सकता है और यह मेरी प्रगति में बाधक हो सकता है। इसलिए मैंने यह पत्र फाड़ दिया।"

ईश्वर प्राप्ति के मार्ग में अहंकार सबसे बड़ा अवरोधक

यहाँ तक कि अहंकार के कारण मनुष्य अपनी मूल सत्ता से अलग-अलग कटा हुआ पड़ा है। वह सत्ता है- ईश्वर की सत्ता। तत्त्वतः जीवात्मा और परमात्मा में कोई भेद नहीं है। जीवात्मा, परमात्मा का ही एक अंश है, परन्तु जिस प्रकार एक छोटा-सा पात्र सागर के भीतर ही समुद्री जल के एक अंश को समुद्र से अलग कर देता है, उसी प्रकार मनुष्य का अपना अहंकार उसे ईश्वर से अलग और दूर कर देता है। इसीलिए सभी ऋषि-महर्षियों और संत-महात्माओं ने 'अहं' की कारा से मुक्त होने को ही सच्ची मुक्ति कहा है। यहाँ तक कि अच्छा होने या धार्मिक बनने के कारण दूसरों से श्रेष्ठ होने का भाव भी मनुष्य को ईश्वर से दूर रखता है। महाभारत में इस प्रकार के कई प्रसंग आते हैं जब भगवान् श्रीकृष्ण ने अर्जुन के अभिमान का मर्दन किया है और भगवत-प्राप्ति में सबसे बड़ा अवरोध बताया। इसी प्रकार रामायण में भी नारद के अभिमान का प्रसंग आता है और वे अनुभव करते हैं कि इस कारण भगवान् से कितने विमुख होते जा रहे हैं। तुलसीदास ने अहंकार नष्ट हो जाने को ही सबसे बड़ी भगवत-कृपा कहते हुए रामचरितमानस में बताया है कि यही

सब दुःखों की जड़ है :-

संसृति मूल सूलप्रद नाना।
सकल सोक दायक अभिमाना॥
तेहिं ते करिहिं कृपानिधि दूरी।
सेवक पर ममता अति सूरी॥

अहंकार का आधार ही यह है कि हम अपने आपको महत्त्वपूर्ण मानते हैं और दूसरों से स्वयं को महत्त्वपूर्ण सिद्ध करने के लिए उनके अहंकार से टक्कर लेना चाहते हैं। महत्त्वपूर्ण होना एक अलग बात है और स्वयं को महत्त्वपूर्ण मानना तथा उसे सिद्ध करना सर्वथा दूसरी बात है। महत्त्वपूर्ण सिद्ध करने का प्रयास ही इस बात का द्योतक है कि हम अपना मूल्यांकन वास्तविकता से बहुत अधिक करते हैं। विचार किया जाना चाहिए कि संसार में सबसे महत्त्वपूर्ण यदि कोई है तो वह ईश्वर है और ईश्वर की ऐसी कोई चेष्टा दिखाई नहीं देती जो वह अपने आपको महत्त्वपूर्ण सिद्ध करने के लिए करता हो।

संसार की सर्वोपरि महत्त्वपूर्ण सत्ता अपने आपको महत्त्वपूर्ण सिद्ध करने की ओर से उदासीन है तो क्या कारण है कि हम जैसे अरबों व्यक्तियों के होते हुए हम अपने आपको सबसे महत्त्वपूर्ण मानें और दूसरों से टक्कर लेते फिरें।

अपने अहंकार को पहचान लेने और उसे स्वीकार करने के साथ ही वस्तुस्थिति को समझ लेने मात्र से अहंकार तिरोहित हो जाता है। केवल पहचानने और स्वीकार करने मात्र से ही बात नहीं बनेगी। प्रकाश है और अन्धकार नष्ट हो गया है, यह जानने पर भी यदि आँखें बंद रखी जाएँ तो स्थिति में कोई अन्तर नहीं आता। आवश्यकता इस बात की है कि आँखें खोली जाएँ। अहंकार को इसी तरह तात्त्विक दृष्टि से देखते ही उसका अभाव हो जाएगा और फिर चारों ओर सुख-शांति, सौहार्द और स्नेह के सत्य का आलोक हो उठेगा।

धर्मशाला को अपनी पुश्तैनी जागीर समझना मूर्खता

महाराज जीमकेतु धार्मिक प्रवृत्ति के शासक थे। दुर्भाग्यवश उनके मन में उनकी अकूत सम्पत्ति का अहंकार पैदा हो गया। ऋषि दत्तात्रेय को उनके ऊपर दया आ गई और उन्होंने उन्हें सत्य मार्ग दिखाने का निश्चय किया। वे एक पागल का वेश धारण करके राजा के महल में पहुँचे और उनके सिंहासन पर जाकर बैठ गए। राजा जीमकेतु दरबार में पहुँचे तो एक पागल को अपने सिंहासन पर बैठा देखकर क्रोधित हो उठे और बोले- "तू कौन है? हमारे राजदरबार में आने का तेरा साहस कैसे हुआ?" दत्तात्रेय बोले- "बंधु!

क्रोधित क्यों होते हो? यह तो धर्मशाला है। इसमें तुम भी ठहरो और मैं भी ठहरूँगा।"

राजा बोले- "अरे तू अंधा है क्या? यह धर्मशाला नहीं राजमहल है।" ऋषि दत्तात्रेय ने पूछा- "क्या तुम इसमें अनंतकाल से रहते चले आ रहे हो?" राजा बोले- "नहीं, मैं पिछले तीस वर्ष से यहाँ का राजा हूँ।" दत्तात्रेय ने पूछा- "तुमसे पहले कौन यहाँ का राजा था?" राजा बोले- "मुझसे पहले मेरे पिता यहाँ के राजा थे।" दत्तात्रेय ने पूछा- "और उनसे पहले कौन यहाँ का राजा था?" राजा बोले- "तब मेरे दादा-परदादा यहाँ राज्य करते थे।" ऋषि दत्तात्रेय ने कहा- "जहाँ कोई आकर और कुछ समय ठहरकर चला जाता है, वह धर्मशाला ही कहलाती है। उसे अपनी पुश्तैनी जागीर समझ लेना मूर्खता के सिवा और कुछ नहीं है।" यह सुनते ही राजा का अहंकार तत्काल तिरोहित हो गया।

अहंकार के त्याग से मिलता है आत्मा का परमानंद

एक सेठजी थे। उन्होंने अपने जीवन में बहुत पैसा कमाया। वृद्धावस्था में उन्होंने एक बार भगवान् बुद्ध का 'त्याग और वैराग्य' पर प्रवचन सुना। उसे सुनकर उनकी भी अंतरात्मा जाग्रत हो गई। उन्होंने अपनी समस्त धन-सम्पत्ति लोकोपकारी कार्यों में लगाकर संयम व त्याग से परिपूर्ण जीवन व्यतीत करना शुरू कर दिया। वे सादा खाते, सादा पहनते और मात्र अति आवश्यक आवश्यकताओं पर ही खर्च करते। जो भी व्यक्ति उनके पास मदद की आशा से जाता, वह खाली हाथ न लौटता। सर्वत्र उनके सद्कार्यों की प्रशंसा होने लगी।

एक दिन जनता के कुछ प्रतिनिधि उनके समक्ष उपस्थित हुए और उनसे करबद्ध निवेदन किया- "आपका त्याग प्रशंसनीय है। अतः हम सार्वजनिक रूप से आपका अभिनंदन कर आपको 'दानवीर' तथा 'मानव रत्न' की उपाधियों से विभूषित करना चाहते हैं। कृपा कर हमारी इस प्रार्थना को स्वीकार करें। सेठजी ने मुस्कराते हुए कहा- "सज्जनों! मैंने कोई त्याग नहीं किया है, वरन् लाभ लिया है। बैंक में रुपए जमा करना त्याग नहीं, वरन् ब्याज का लाभ है। ग्राहक को वस्तु देकर दुकानदार किसी प्रकार से त्याग का परिचय नहीं देता, वह तो बदले में उसकी कीमत लेकर लाभ कमाता है। समुद्र के किनारे खड़े हुए व्यक्ति को जब मोती दिखाई दें तो उन्हें समेटकर कौन अपनी झोली भरना नहीं चाहेगा? उस समय यदि उसकी झोली में शंख और सीपियाँ होंगी तो उन्हें खाली कर मूल्यवान वस्तुएँ भरना क्या त्याग की वृत्ति का परिचायक है? उसी प्रकार लोभ, मोह, क्रोध, वासना आदि क्षुद्रवृत्तियों को छोड़कर अपने स्वभाव में प्रेम, अहिंसा,

क्षमा, परोपकार जैसे सद्गुणों को स्थान देना त्याग नहीं, वरन् एक प्रकार का लाभ है। मैंने तो कोई त्याग नहीं किया। इच्छाओं से मुक्ति पाकर त्याग का लाभ ही प्राप्त किया है। सेठजी के ये नीति वचन सुनकर जनता के प्रतिनिधियों को और कुछ कहने का साहस नहीं हुआ और वे नतमस्तक होकर चले गए।

अहं त्याग से मिलेगी दुःखों से मुक्ति - जे. कृष्णमूर्ति

जब कभी भी हम अपने बारे में सोचने-समझने लगते हैं तो उम्र के साथ हम चाहे-अनचाहे अपना व्यक्तित्व बनाने लगते हैं। विभिन्न तत्त्वों का सामंजस्य कर हम अपने व्यक्तित्व को गढ़ने लगते हैं। व्यक्ति अपनी रुचि-अरुचि के अनुसार विभिन्न तरह के लक्षण अपना लेता है। वह अपना एक मुखौटा गढ़ता है, जैसा कि वह समाज को दिखाना चाहता है। इसी तरह हम खुद स्वयं के लिए और विभिन्न सम्बन्धों के लिए भी अलग-अलग या विभिन्न चीज़ों को जोड़कर मुखौटे बनाते हैं। समाज हमें और समाज के प्रत्येक व्यक्ति को इन्हीं मुखौटों की सच्ची-झूठी हक़ीक़तों से पहचानते हैं। समाज में इसे किसी व्यक्ति के लक्षणों के रूप में जाना जाता है और तद्नुसार भला-बुरा, नगण्य, घमण्डी, बुद्धिजीवी, स्वार्थी आदि की सामान्य प्रतिक्रियाएँ देता है। विशिष्ट लक्षणों के विशिष्ट मान्यताएँ देता है, लेकिन किसी भी मुखौटे को गढ़ना यानी अहं को गढ़ना है।

यदि कोई दुःख से मुक्त होना चाहता है तो उसे अहं को बनाने वाली संपूर्ण प्रक्रिया से वाक़िफ होना होगा। इस अहं निर्माण की प्रक्रिया पर रोक लगानी होगी। अपने अस्तित्व की वास्तविकता में रहना होगा।

विनम्रता : बड़े लोगों की पहचान

विनम्रता के बिना आत्म-विश्वास अहंकार है। विनम्रता सारी खूबियों की बुनियाद है। यह महानता दर्शाती है और बड़प्पन की पहचान है। सच्ची विनम्रता आकर्षित करती है, लेकिन बनावटी विनम्रता विमुख करती है और परे धकेलती है।

बहुत साल पहले एक घुड़सवार ने कुछ सैनिकों को देखा जो एक लकड़ी के गट्ठे को उठाने में नाकामयाब हो रहे थे। नायक भी वहीं खड़ा था जब सैनिक संघर्ष कर रहे थे। घुड़सवार ने नायक से पूछा कि वह उनकी मदद क्यों नहीं करता। नायक ने जवाब दिया, "मैं इनका नायक हूँ और मेरा काम इनको आदेश देना है।" घुड़सवार अपने घोड़े से उतरकर उन सैनिकों के पास गया और उसने उस गट्ठे को उठाने में मदद की। उसकी मदद से वह गट्ठा उठा दिया गया। घुड़सवार चुपचाप अपने घोड़े पर सवार हो

गया और उस नायक से बोला, "अगली बार जब तुम्हें सहायता की ज़रूरत पड़े तो तुम अपने कमांडर इन चीफ़ को बुलवा लेना।" जब वह घुड़सवार चला गया तो नायक और सिपाहियों को पता चला कि वह घुड़सवार और कोई नहीं, बल्कि जॉर्ज वाशिंगटन थे।

बड़े लोगों का यही तो बड़प्पन है।

संदेश बिल्कुल साफ़ है। सफलता और विनम्रता हाथ में हाथ डाले चलती है। जब दूसरे आपकी प्रशंसा करते हैं तो आवाज़ बहुत दूर तक जाती है। ज़रा इसके बारे में सोचिए? सादगी और विनम्रता महानता की दो पहचान हैं। विनम्रता का मतलब अपने आपको गिराना नहीं है। गिराना तो अपने आपको छोटा बनाने के समान होगा।

बच्चों में विनम्रता की सीख

बच्चों को बचपन से ही विनम्र व्यवहार की शिक्षा दी जानी चाहिए ताकि बड़े होकर वे सभ्य, समझदार और दूसरों का ख्याल रखने वाले बन सके। एक बार, विनम्र व्यवहार सीख लें तो यह उम्र भर साथ रहता है। यह दूसरों का ख्याल रखने के और संवेदनशील होने के नज़रिए को दर्शाता है। ऐसी बातें बहुत छोटी और साधारण लगती हैं, लेकिन इंसान को बहुत दूर तक ले जाती हैं। उदाहरण के तौर पर- 'मेहरबानी करके', 'शुक्रिया' और 'मुझे माफ़ कर दीजिए'।

याद रखें, विनम्रता के बदले विनम्रता मिलती है। उसकी प्रैक्टिस जितनी ज़्यादा हो सके और जितनी बार हो सके, उतनी बार करें। शुरूआत में इसके लिए प्रयास और मेहनत करनी पड़ेगी, मगर यह बहुत मूल्यवान साबित होती है। विनम्रता का होना एक अच्छे इंसान की पहचान है। विनम्रता शिष्टाचार का दूसरा नाम है जो एक इंसान को ही नहीं, बल्कि पूरे संगठन को फ़ायदा पहुँचाती है।

बहुत-से प्रतिभाशाली और माहिर लोग अपनी सफलता इसलिए नहीं पा सके, क्योंकि उनमें विनम्रता और शिष्टाचार की कमी थी। विनम्रता और शिष्टाचार सभ्य होने की निशानी है। कठोर और बदतमीज़ व्यवहार सभ्यता की कमी को दर्शाते हैं। दूसरे लोगों के प्रति सम्मान और शिष्टता का बर्ताव करें।

महान् संत तिरुवल्लुवर का एक प्रेरक उदाहरण

किसी नगर में एक जुलाहा रहता था। स्वभाव अत्यन्त शांत, विनम्र तथा उदार, क्रोध तो उसको कभी आता न था। एक बार कुछ लड़कों को शरारत सूझी। वे सब उस जुलाहे के पास यह सोचकर गए कि देखें इसे गुस्सा कैसे नहीं आता? उनमें एक लड़का

धनवान माता-पिता का पुत्र था। वहाँ पहुँचकर वह बोला- “यह साड़ी कितने की दोगे?” जुलाहे ने कहा- “दो रुपए में।”

तब लड़के ने चिढ़ाने के उद्देश्य से साड़ी के दो टुकड़े कर दिए और एक टुकड़ा हाथ में लेकर कहा- “मुझे पूरी साड़ी नहीं चाहिए, आधी चाहिए। इसका दाम क्या है?’ जुलाहे ने बड़ी शांति से कहा- “एक रूपया।”

लड़के ने उस टुकड़े के भी दो भाग करते हुए पूछा- “और इसका दाम?”

संत अब भी शांत थे। उन्होंने बताया- “आठ आना।”

लड़का इसी प्रकार साड़ी के टुकड़े पर टुकड़े करता गया। अंत में बोला- “अब मुझे यह साड़ी नहीं लेनी। यह टुकड़े मेरे किस काम के?”

जुलाहे ने उसी गंभीर शांति के साथ कहा- “बेटे! यह टुकड़े तुम्हारे ही क्या, किसी के भी काम के नहीं रहे।”

अब लड़के को कुछ शरम आई और वह कहने लगा- “मैंने आपका नुकसान किया है। अतः मैं आपकी साड़ी का दाम दिए देता हूँ।”

पर संत जुलाहे ने कहा जब आपने साड़ी ली ही नहीं, तब मैं आपसे पैसे कैसे ले सकता हूँ।

लड़के का धनाभिमान जागा और कहने लगा कि मैं बहुत अमीर आदमी हूँ। तुम गरीब हो। मैं रुपए दे दूँगा तो मुझे कुछ नहीं अखरेगा। पर तुम यह घाटा कैसे सह सकोगे? और नुकसान मैंने किया है तो घाटा भी मुझे ही पूरा करना चाहिए।

संत अब कुछ मुस्कराए और कहने लगे- “तुम यह घाटा पूरा नहीं कर सकते। सोचो, किसान का कितना श्रम लगा तब कपास पैदा हुई। फिर मेरी स्त्री ने अपनी मेहनत से उस कपास को बीना और सूत काता। फिर मैंने उसे रंगा और बुना। इतनी मेहनत तभी सफल होती जब इसे कोई पहनता, इससे लाभ उठाता, इसका उपयोग करता। पर तुमने उसके टुकड़े-टुकड़े कर डाले। रुपए से यह घाटा कैसे पूरा होगा? संत जुलाहे की आवाज़ में आक्रोश के स्थान पर अत्यन्त विनम्रता दयार्द सौम्यता थी। लड़का शरम से पानी-पानी हो गया, उसकी आँखें भर आईं और वह संत के पैरों में गिर गया।

जुलाहे ने बड़े प्यार से उसे उठाकर पीठ पर हाथ फिराते हुए कहा- “बेटा! यदि मैं तुम्हारे रुपए ले लेता तो हो सकता है उससे मेरा बहुत काम चल जाता। पर तुम्हारी ज़िन्दगी का वही हाल होता जो इस साड़ी का हुआ। कोई भी उससे लाभान्वित नहीं होता। साड़ी एक गई, मैं दूसरी बना लूँगा पर ज़िन्दगी एक बार अहंकार में नष्ट हो गई तो

दूसरी कहाँ से लाओगे तुम? तुम्हारा यह पश्चाताप ही मेरे लिए बहुत कीमती है।

लड़का तथा उसके साथी बहुत शर्मिंदा हुए।

यह जुलाहे थे दक्षिण भारत के महान् संत तिरुवल्लुवर। इनका लिखा हुआ ग्रन्थ 'कुरल' आज दो हजार वर्ष बाद भी बड़ी श्रद्धा से पढ़ा जाता है।

विनम्रता मनुष्य की महानता का लक्षण

मनुष्य की सबसे बड़ी कमज़ोरी होती है उसका अहम्। अहंकार के वशीभूत होकर व्यक्ति यह सोचता है कि यदि मैं झुक गया और सह लिया तो लोग मुझे छोटा एवं कमज़ोर समझकर मेरी उपेक्षा करेंगे, परन्तु वास्तविकता ऐसी नहीं है, बल्कि वह बड़ा और मजबूत होता है। विनम्रता स्वयं में एक शक्ति है। फल से लदी हुई डाल झुकी होती है, साथ ही सहनशील भी। अहंकार और दंभ के कारण ही राजकुमार होते हुए भी दुर्योधन अपनी प्रभुता स्थापित नहीं कर सका। पद के अनुरूप प्रतिष्ठा अर्जित करना तो दूर वह लोगों की नज़र में गिर गया था। बड़ा तो वह है जो दूसरों के अधिकार की रक्षा करता है। दूसरों को सम्मान प्रदान करके अपने सम्मान में अभिवृद्धि करता है। दूसरों को नीचा दिखाकर हम कभी बड़े नहीं बन सकते।

मनुष्य के स्वभाव में विनम्रता उसकी महानता का लक्षण है। अभिज्ञानशाकुन्तलम् में महाकवि कालिदास कहते हैं फल के आने पर वृक्ष झुक जाते हैं। नववर्षा के समय बादल झुक जाते हैं। सम्पत्ति के समय सज्जन भी विनम्र हो जाते हैं। वास्तव में महान् व्यक्ति ज्ञान और सम्पत्ति पाकर और अधिक विनम्र हो जाते हैं। तभी तुलसीदासजी भी लिखते हैं :-

बरषहि जलद भूमि निअराएं,
जथा नवहिं बुध विद्या पाएं।

इन शक्तियों को धारण करने की पात्रता विनय या विनम्रता से ही मिलती है। बिना विनम्रता के प्राप्त विद्या या सम्पत्ति विनाशकारी होती है। विनम्रता के अभाव में अहंकार बोध उत्पन्न होता है, जबकि विनम्रता विवेक को जन्म देती है। विवेक से सद्व्यवहार के चयन में सहायता होती है। सद्व्यवहार से व्यक्ति दैवीय गुणों को धारण करता है।

इस प्रकार हम कह सकते हैं कि विनम्रता का प्रभाव दूर तक जाता है। संसार के सभी महापुरुषों के जीवन में हमें विनम्रता का गुण दिखाई देता है। मर्यादा पुरुषोत्तम श्रीराम का सम्पूर्ण जीवन विनम्रता का जीवंत उदाहरण है। वह पिता की आज्ञा को सम्पूर्ण विनम्रता से शिरोधार्य करते हैं। वनपथ में सभी विद्वान् ऋषियों, साधारण मनुष्यों

और निर्बल जीवों के प्रति विनम्रता के भावों से नज़र आते हैं। भगवान् बुद्ध का सारा जीवन संदेश भी विनम्रतापूर्ण दया से परिपूर्ण है। वास्तव में विनम्रता जीवन की जीवंतता का सारतत्त्व है। अकड़ना मुर्दे का गुण है और अहंकार व्यक्ति की मृत्यु का। अतः विनम्रता सभी सद्गुणों का आधार है।

किसी विचारक ने क्या खूब कहा है :-

सत्ता, ताक़त, रूप-सौन्दर्य और जवानी सबकी एक्सपायरी डेट होती है, इसलिए अहंकार छोड़े और विनम्र बनिए, क्योंकि विनम्रता की कोई एक्सपायरी डेट नहीं होती।

जीभ की सीख - सदा विनम्र रहो

एक बड़े ज्ञानी संत लम्बे समय से बीमार चल रहे थे और अपने जीवन की अंतिम साँसे गिन रहे थे तभी उनके शिष्य ने कहा- "गुरुजी जाते-जाते कुछ ज्ञान देने की कृपा करें।"

गुरुजी मुँह खोल कर बोले- "क्या मेरे दाँत हैं?"

शिष्य बोला- "नहीं।"

फिर गुरुजी ने पूछा- "क्या मेरे मुँह में जीभ है" शिष्य ने हाँ में जवाब दिय।

गुरुजी ने फिर शिष्य से कहा, मेरे सभी दाँत गिर गए हैं, लेकिन जीभ मौजूद है। क्या तुम इसका अर्थ समझते हो?

शिष्य ने आश्चर्य से गुरु की तरफ देखा और बोला- "नहीं।"'

गुरुजी मुस्कराए और बोले- दाँत कठोर हैं और जीभ कोमल। यानी जो इंसान अपने जीवन में जीभ जैसा कोमल और विनम्र रहता है वह सदा सुखी व सफल रहता है। इसलिए तुम भी जीभ जैसा बनना।

विनम्रता एक बड़ा मानवीय गुण

विनम्रता एक बहुत बड़ा मानवीय गुण है। जिस मनुष्य में यह गुण होता है, उसमें शील, संतोष, स्नेह, मधुरता, साहस, विवेक आदि सभी कुछ होता है। ईश्वर की ओर से विनम्रता मानव को दिया गया एक उपहार है। इसकी आवश्यकता हमें पग-पग पर पड़ती है।

जीवन में ऐसे कई मोड़ आते हैं जब मनुष्य को एक साथ कई विपत्तियों या कठिनाइयों का सामना करना पड़ता है। ऐसी मुश्किलों को प्रतिकूल परिस्थितियाँ कहा

जाता है। बीमारी, दुर्घटना, दिवालिया होना, जीवन साथी की मृत्यु आदि हो जाना प्रतिकूल परिस्थिति ही हैं। ऐसे में आदमी का अपनी स्थिति में टिकना मुश्किल लगता है, परन्तु जो व्यक्ति विनम्र और सहनशील होते हैं वे खराब से खराब परिस्थिति को भी अपने अनुकूल बना लेते हैं तथा हर हालत में खुश रहते हैं। भूतकाल में हुई अपनी हानियों की अधिक परवाह न कर वे बड़े धैर्य और आत्मविश्वास के साथ ज़िन्दगी का सफ़र तय करते हैं।

विनम्रता का श्रेष्ठ उदाहरण प्रस्तुत करती ये पौराणिक कथाएँ

एक बार ब्रह्मर्षि भृगु यह देखने के लिए कि देवताओं में सबसे बड़ा देव कौन हैं? पृथ्वी के चारों ओर घूम आए, लेकिन इस समस्या का समाधान न हो सका। उन्हें विष्णुजी का ख्याल आया। वे जल्दी से शेष शैय्यावासी विष्णुजी के पास पहुँचे। विष्णुजी सो रहे थे और लक्ष्मीजी उनके पास बैठी पाँव दबा रही थीं। भृगु ऋषि ने वहाँ पहुँचते ही विष्णुजी को पाँव की ठोकर मारकर जगाया। विष्णुजी उठे और अपने सामने ऋषि को खड़ा देखा तो वे अति विनम्रता के साथ उनके चरणों को सहलाते हुए कहने लगे- "भगवन्! कहीं मेरे कठोर देह के स्पर्श से आपके कोमल चरण कमलों को कोई कष्ट तो नहीं पहुँचा?" विष्णु की ऐसी विनम्रता देखकर भृगुजी पानी-पानी हो गए और उन्होंने उद्घोषणा की, कि विष्णु ही सभी देवों में श्रेष्ठ हैं।

मोहम्मद साहब को इस्लाम धर्म के पैगम्बर के नाम से जाना जाता है। वे बेहद सहनशील थे। जब वह एक गली से निकलते थे, तो एक महिला प्रतिदिन उन पर कूड़ा फेंक देती थी, लेकिन मोहम्मद साहब उसकी हरक़त का विरोध कभी न करते और चुपचाप मार्ग पर आगे बढ़ जाते। एक दिन मोहम्मद साहब उसी गली से गुज़र रहे थे तो उस दिन उन पर कोई कूड़ा नहीं फेंका गया। मोहम्मद साहब अचरज में पड़ गए। उन्होंने पड़ोसियों से उस महिला के बारे में पूछा। जब उन्हें यह पता लगा कि वह महिला आज बीमार है, तो उन्हें दुःख हुआ, वे उसे देखने गए।

मोहम्मद साहब की विनम्रता, सहनशीलता और उनके अगाध प्रेम को देखकर महिला का हृदय परिवर्तन हो गया। उसकी आँखों में आँसू भर आए एवं मोहम्मद साहब से क्षमा याचना की।

महात्मा गौतम बुद्ध सहनशीलता की प्रतिमूर्ति थे। एक बार जब वे बोधि वृक्ष के नीचे आँखें बन्द किए हुए साधना में लीन थे तो एक चरवाहा उधर से निकला। उसकी एक भेड़

खो गई थी। गौतम बुद्ध को पेड़ के नीचे बैठे देख उसने, उनसे पूछा कि उन्होंने इधर से जाती हुई किसी भेड़ को तो नहीं देखा। चूँकि गौतम ध्यानावस्था में थे इसलिए उन्होंने चरवाहे की बात का कोई उत्तर नहीं दिया। अब चरवाहे को गुस्सा आ गया। वह गौतम से तू-तू, मैं-मैं कह कर गालियाँ देने लगा। उसके कटु शब्दों का गौतम पर कोई प्रभाव नहीं पड़ा। वे पूर्ववत् अपनी साधना में बैठे रहे। चरवाहे को गुस्सा आया तो उसने गौतम के कान में चिल्ला-चिल्ला कर गालियाँ दीं और कान में लकड़ियाँ ठूँसीं। गौतम के कानों से खून निकल आया, किन्तु वे अपनी समाधि से विचलित नहीं हुए।

विनम्रता मस्तिष्क में विचरते हुए किसी भी विकृत विचार की सफाई हेतु साबुन का कार्य करती है। जिस प्रकार धूल-मिट्टी से सने हुए बालक को स्नानादि कराकर साफ-सुथरे कपड़े पहनाकर आप उसे पहले की तरह प्यारा, दुलारा रूप प्रदान करते हैं, उसी प्रकार विनम्रता भी मस्तिष्क में उपस्थित प्रतिकूल प्रवृत्ति को परिष्कृत करने का महत्त्वपूर्ण कार्य करती है।

कई मनुष्य अपनी नासमझी के कारण ज़रा-ज़रा सी बात पर असहनशील हो उठते हैं। ज़रा-ज़रा सी बात पर उत्तेजित होने से मनुष्य की मानसिक शक्तियाँ क्षीण हो जाया करती हैं। विनम्रता एक प्रकार की साधना है। इस साधना को वही व्यक्ति कर पाता है, जिसके स्वभाव में धैर्य और मनोबल होता है। ठीक ही कहा गया है :-

घर आँगन स्वर्ग बनेगा, महक उठेगा जीवन सारा।
मात्र बनना होगा विनम्र तब बदलेगी जीवनधारा।।

विनम्र व्यक्ति में स्वयं झुकने और दूसरों को झुकाने की शक्ति होती है। यह सामर्थ्य घमण्डी प्रकार के व्यक्ति में कभी नहीं हो सकता। जैसा कि कबीरदास ने कहा है- *बड़ा भया तो क्या भया, जैसे पेड़ खजूर। पंथी को छाया नहीं, फल लागे अति दूर।* घमण्डी व्यक्ति बड़ा होकर भी किसी का भला नहीं कर पाता। जैसे खजूर का पेड़ जो पथिक को छाया नहीं दे पाता और जिसके फल तक भी हर कोई नहीं पहुँच पाता, जब कि आम का पेड़ कितना नम्र एवं उदार क़िस्म का होता है। छोटे बच्चे भी उसकी डालियों पर चढ़कर मधुर फल प्राप्त कर लेते हैं।

विनम्रता मानवीय गरिमा की कसौटी

रूस के राजा एलेग्जेंडर अक्सर अपने देश की आंतरिक दशा को जानने के लिए वेश बदलकर पैदल घूमने जाया करते थे। एक दिन घूमते-घूमते वे एक नगर में पहुँचे।

रास्ता मालूम करने के लिए वे किसी स्थानीय व्यक्ति की तलाश में आगे बढ़े। कुछ ही दूरी पर उन्हें एक हवलदार सरकारी वर्दी पहने हुए दिखाई पड़ा। एलेग्जेंडर ने उसके पास जाकर पूछा- "महाशय! अमुक स्थान जाने का रास्ता बता दीजिए।"

हवलदार ने पहले तो एलेग्जेंडर को घूरा, फिर अकड़कर कहा- "मूर्ख! तू देखता नहीं? मैं सरकारी हाकिम हूँ, मेरा काम रास्ता बताना नहीं है।" एलेग्जेंडर की उपेक्षा करते वह आगे कहने लगा- "चल हट! किसी दूसरे से पूछ।" एलेग्जेंडर ने नम्रतापूर्वक निवेदन किया- "महोदय! यदि सरकारी आदमी भी किसी यात्री को रास्ता बता दे तो कुछ हर्ज़ थोड़ा ही है। खैर! मैं किसी दूसरे से पूछ लूँगा, पर इतना तो बता दीजिए कि आप किस पद पर काम करते हैं?"

ऐंठते हुए हवलदार ने जवाब दिया- "अँधा है क्या? मेरी वर्दी को देखकर पहचानता नहीं कि मैं कौन हूँ?" एलेग्जेंडर ने कहा- "शायद आप पुलिस के सिपाही हैं।" उसने कहा- "नहीं, उससे ऊँचा।" एलेग्जेंडर ने अनुमान लगाकर कहा- "क्या नायक हैं?" हवलदार ने सिर हिला कर मना करते हुए कहा- "नहीं! उससे भी ऊँचा।" एलेग्जेंडर ने फिर पूछा- "हवलदार हैं?"

दंभ प्रदर्शित करते हुए हवलदार कहने लगा- "हाँ! अब तू जान गया कि मैं कौन हूँ, पर यह तो बता कि इतनी पूछताछ करने का तेरा क्या मतलब? और तू है कौन?" एलेग्जेंडर ने मुस्कराते हुए उत्तर दिया- "मैं भी सरकारी आदमी हूँ।" यह सुनकर सिपाही की ऐंठ अब कुछ कम हुई, उसने धीमे स्वर में पूछा- "क्या तुम नायक हो?"

एलेग्जेंडर ने जवाब दिया- "नहीं! उससे ऊँचा।" हवलदार थोड़ा सकुचाया और पुनः पूछ बैठा- "तब क्या आप हवलदार हैं?" एलेग्जेंडर ने उत्तर दिया- "नहीं! उससे भी ऊँचा।" हवलदार अब और भी अधिक घबराया और जिज्ञासावश निवेदन के स्वर में पूछा- "दरोगा?" एलेग्जेंडर ने उत्तर दिया- "नहीं, उससे भी ऊँचा।" हवलदार ने फिर पूछा- "कप्तान?" एलेग्जेंडर ने कहा- "उससे भी ऊँचा।"

कुतूहलवश हवलदार ने पूछा- "सूबेदार?" एलेग्जेंडर बोले- "उससे भी ऊँचा।" अब तो हवलदार थर-थर काँपने लगा और सलाम करता कहने लगा- "तब आप मंत्री जी हैं?" एलेग्जेंडर ने कहा- "भाई! बस एक सीढ़ी और बाकी रह गई है।" सिपाही ने गौर से देखा तो सादा पोशाक पहने बादशाह एलेग्जेंडर सामने खड़े मालूम पड़े। हवलदार के होश उड़ गए, वह गिड़गिड़ाता हुआ बादशाह के पैरों पर गिर पड़ा और बड़ी दीनता से अपने अपराध की माफ़ी माँगने लगा।

राजा एलेग्जेंडर ने मीठी वाणी में कहा- "भाई! तुम पद की दृष्टि से कुछ भी हो, पर व्यवहार की कसौटी पर बहुत नीचे हो। जो जितना नीचा होता है, उसमें उतना ही अहंकार होता है और उतना ही वह अकड़ता है। यदि ऊँचा बनना चाहते हो तो पहले मनुष्य बनो, सहनशील व नम्र बनो। अपनी ऐंठ कम करो, क्योंकि तुम जनता के सेवक हो, इसलिए तुम्हारी तो यह विशेष जिम्मेदारी है।"

वे उसे प्रेमपूर्वक समझा रहे थे कि मानवीय गरिमा की सबसे बड़ी कसौटी है - विनम्रता, निरहंकारिता। ये ही वे सद्गुण होते हैं, जो किसी व्यक्ति को महान् बनाते हैं और जिनके अभाव में किसी भी पद के व्यक्ति का कोई मूल्य नहीं रह जाता है। एलेग्जेंडर द्वारा दिए गए शिक्षण ने हवलदार को बहुत प्रभावित किया और उसे अपनी भूल का एहसास हुआ। उस दिन से ही उसने अपना व्यवहार बदल दिया।

महादेवी वर्मा की विनम्रता

30 अक्टूबर, 1983 को तृतीय विश्व हिन्दी सम्मेलन के समापन समारोह में श्रीमती महादेवी वर्मा विश्व के विद्वद्जनों को सम्मान दे रही थीं। उपस्थित विद्वद्जन जिस समय उनकी प्रशस्ति पढ़ी जाती, हिन्दी प्रेमियों के सामने खड़े हो जाते और फिर महादेवी जी के सम्मान सूचक सामग्री ग्रहण कर अपने स्थान पर बैठ जाते। सम्मानार्थ चयन समिति के सचिव प्रो. विजयेन्द्र स्नातक के अनुरोध करने पर प्रयाग विश्वविद्यालय के रसायनशास्त्र के भूतपूर्व अध्यक्ष और अब संन्यासी डॉ. सत्यप्रकाश सरस्वती आगे नहीं बढ़े, क्योंकि संन्यासी प्रशस्ति और धन का अभिलाषी नहीं होता है। कुछ क्षणों के लिए सभागार में सन्नाटा छाया रहा। कार्यक्रम जैसे रूक-सा गया। तभी महादेवी जी अपनी कुर्सी से उठीं और स्वामीजी के पास जाकर मधुर मुस्कान के साथ सम्मान सामग्री हाथ जोड़कर भेंट की। निःस्तब्ध सभागार तालियों की गड़गड़ाहट से गूँज उठा। संन्यासी के आगे महादेवी जी की विनम्रता नतमस्तक थी।

भारत के पूर्व राष्ट्रपति डॉ. राजेन्द्र प्रसाद की विनम्रता

शालीनता महापुरुषों का गुण होता है। डॉ. राजेन्द्र प्रसाद जब राष्ट्रपति भवन में थे तब उनकी सेवा के लिए तुलसी नामक एक नौकर नियुक्त हुआ था। वइ ईमानदार था, पर था लापरवाह। राजेन्द्र बाबू उसे बहुत बार सावधान कर चुके थे कि वह सावधानी से काम किया करे। एक विदेशी अतिथि ने हाथी-दाँत की एक कलम राष्ट्रपति को भेंट की थी। एक दिन तुलसी ने घर को सजाने के क्रम में उस कलम को भी तोड़ दिया। राजेन्द्र

बाबू को यह देख काफी दुःख हुआ। उन्होंने सचिव को बुलाकर कहा, "आप तुलसी को मेरे काम के लिए अब नियुक्त न करें, उसे कहीं अन्यत्र लगा दें, जहाँ सामान टूटने की संभावना न हो।" सचिव ने तुलसी को उद्यान में लगा दिया। दूसरे दिन अपने सेवाकार्य में तुलसी को न पाकर राजेन्द्र बाबू बेचैन होने लगे। उन्होंने सोचा, तुलसी ने जानबूझकर तो कलम नहीं तोड़ी, काम करते समय उसका ध्यान कहीं और ज़गह होगा और ग़लती से यह टूट गई होगी। मैंने उसे अपने काम से निकालकर उसका अपमान किया है। अतः सचिव को बुलाकर उन्होंने कहा, तुरन्त तुलसी को मेरे पास भेजिए। तुलसी अपराधी की भाँति उनके समक्ष उपस्थित हुआ तो राजेन्द्र बाबू ने कहा, "तुलसी तुम मुझे क्षमा कर दो, मुझसे भूल हुई है तुम्हें हटाकर।" डॉ. राजेन्द्र प्रसाद जी सरीखा सद्व्यवहार और विनम्रता शायद ही आज कहीं अन्यत्र देखने को मिले।

विनम्र हुए बिना ज्ञान प्राप्त नहीं किया जा सकता

राम-रावण युद्ध समाप्त हो चुका था और अन्ततः बुराई पर अच्छाई की जीत हुई। रावण मरणासन्न अवस्था में रणभूमि में पड़ा था तभी राम ने लक्ष्मण से कहा- "जाओ लक्ष्मण! रावण से राजनीति की शिक्षा लो।" राम की बात सुनकर लक्ष्मण हैरान रह गए। वे समझ नहीं पा रहे थे कि रावण जैसे दुराचारी से भी कुछ सीखा जा सकता है, लेकिन वे अपने बड़े भाई की बात टाल नहीं सकते थे, इसलिए रावण के पास पहुँचे और उससे शिक्षा देने का आग्रह किया। इस पर रावण बोला- "मैं केवल पात्र व्यक्ति को ही शिक्षा देता हूँ।" रावण द्वारा अपमानित होकर लक्ष्मण तिलमिलाते हुए लौट आए। उन्होंने राम को सारी घटना बताई। उन्होंने लक्ष्मण से पूछा- "रावण के पास जाकर तुम कहाँ बैठे थे?" लक्ष्मण- "उसके सिरहाने।" राम- "यही तो ग़लती कर दी, बिना विनम्र हुए ज्ञान प्राप्त नहीं किया जा सकता। तुम एक बार फिर रावण के पास जाओ और इस बार उसके पैरों की ओर बैठकर शिक्षा की याचना करना।" लक्ष्मण ने ऐसा ही किया। इस बार रावण ने लक्ष्मण को सहर्ष राजनीति के गुर बताए।

निरंहकारिता के लिए दूसरों के दृष्टिकोण को समझे और उसका आदर करें

मनुष्य की यह एक मानसिक कमजोरी है कि वह अपने शरीर, स्वरूप, धन, वैभव, विद्या, सम्पन्नता, कीर्ति आदि का गर्व करके अपने बड़प्पन और अहंकार के समक्ष दूसरों को तुच्छता की दृष्टि से देखता है। यह अव्यावहारिक एवं तुच्छता का चिह्न माना

गया। संसार में एक से एक बड़े धनी मानी, सम्पन्न, विद्वान्-योग्य बैठे हुए हैं। फिर किस बात की अहमन्यता! इस प्रकार की अहंकारिता प्रगतिशीलता के मार्ग को अवरुद्ध कर देती है और मनुष्य को आगे नहीं बढ़ने देती। साथ ही इस प्रकार अहंकार समाज में सम्मानास्पद न माना जाएगा। उसके कारण दूसरे असंतुष्ट होंगे और उदास होकर असहयोग करने लगेंगे। इसलिए मिथ्या अहंकार का त्याग कीजिए। अपनी योग्यता, सम्पन्नता आदि को छोटा मानकर और वृद्धि के लिए प्रयत्न कीजिए। अहंकारशून्य होकर दूसरों को बड़प्पन, महत्त्व प्रदान कीजिए, इसी में आपका भी बड़प्पन एवं महत्त्व है।

निरंहकारिता के लिए आवश्यक है दूसरों के दृष्टिकोण का आदर एवं सम्मान करना सीखा जाए। कोई उत्तम बात कहे, तो उसे स्वीकार करना ही चाहिए, किन्तु अन्य कोई व्यक्ति अपनी हठधर्मी एवं अहंमन्यतावश अपने ग़लत दृष्टिकोण पर भी ज़ोर दे रहा हो तो उस समय उसका भी सम्मान कीजिए और सद्भावना प्रकट कीजिए, फिर एकांत में उससे मिलकर विचार-परामर्श कीजिए। वह अपने ग़लत दृष्टिकोण को वापस लेकर आपका सहयोगी बन जाएगा। अतः दूसरों के दृष्टिकोण का आदर कीजिए।

हमें सदा अपनी कमियों की समीक्षा करते रहना चाहिए और उन्हें सुधारने का अनवरत् प्रयत्न करते रहना चाहिए। इसके साथ ही हमें अपने भीतर विवेक पैदा करना चाहिए। विवेक का मतलब है- उचित और अनुचित का भेद।

जब हम ग़लत और सही के बीच के सूक्ष्म भेद को जानकर अच्छा करने लगते हैं तो अहंकार में कमी आने लगती है व साथ ही उसके श्रेय को स्वयं न लेकर ईश्वर को समर्पित कर देने से कर्त्तापन का अभाव होने लगता है।

अहंकार ही हमारे व्यक्तित्व के पतन का कारण है और इसका समूल नाश ही हमारे जीवन का एकमात्र ध्येय होना चाहिए।

***